THE PRACTICAL DICTIONARY OF DESKTOP PUBLISHING

Paul Pupier and Aline Gagnon

THE PRACTICAL
DICTIONARY
OF
DESKTOP
PUBLISHING

LOGICAL
PUBLISHING

LOGICAL PUBLISHING
PO Box 10, Station D, Montreal (Quebec) H3K 3B9
Tel.: (514) 933-2225
FAX: (514) 933-2182

**THE PRACTICAL DICTIONARY
OF DESKTOP PUBLISHING**
© LOGICAL PUBLISHING inc., 1992

Legal deposit, 2nd quarter 1992
National library of Canada
Bibliothèque nationale du Québec

ISBN 2-89381-068-3

THE PRACTICAL
DICTIONARY
OF
DESKTOP PUBLISHING

FOREWORD

Is our dictionary for you?

This volume is intended for desktop publishers. By that, we not only mean printers and publishers, but also businesses, authors, translators, journalists, professors and students, to name just a few.

With microcomputers, organizations and individuals are producing more and more elaborate texts in-house, and so are entering the domain of publishing. The literature in this field abounds with technical terms, and more are added everyday. Some are self-evident, but many are not, and many are later abbreviated almost beyond recognition. With this work, anyone can make sense of publishing, printing, and computer terms quickly and efficiently.

Our dictionary is fully bilingual, with translations or equivalents for every entry. This allows the user to assimilate the terminology in both French and English, with equal ease. As technology and communications bring us ever closer together, it is becoming more important all the time to be able to bridge our two linguistic communities.

What is electronic publishing?

Electronic publishing is simply using a computer to determine and set the typography, graphics design and page layout of a document. These tasks have always been an important part of publishing. Thus, the language of electronic publishing comes in large part from that of typographers and graphic designers.

This traditional vocabulary can be found in our dictionary, alongside the computer and printing terms you need to know to understand the modern world of publishing.

What is the relationship between word-processing and electronic publishing?

Word-processing brings memory capacity to ordinary typing, making it possible to modify (by moving or deleting, cutting and pasting, etc.) an existing text. Word-processing makes format changes, at least to some extent, with every modification of a block of text. In this sense, word-processing involves some processes that are part of the publishing domain.

Some operations do not truly merit the term electronic publishing (such as cutting or pasting), while others exceed the capabilities of word-processing (such as arranging illustrations or designing graphics). Some are less clear cut. What, strictly speaking, is it to manage multiple columns? Is it word-processing or electronic publishing?

Word-processing software packages are now lapping over significantly into the territory of page layout software. With the rapid pace of technology and the myriad of user demands, these packages are no longer limited to traditional word-processing; rather, they embrace many different electronic publishing tasks. The advanced manuals for IBM and IBM-compatible WordPerfect and Microsoft Word for Macintosh, quite clearly describe electronic publishing uses.

With this dictionary, we have tried to make clear distinctions in order to reflect, as closely as possible, the needs of users, from the student to the professional. We have included terminology from basic word-processing to highly technical graphic design.

What about desktop publishing?

Let us consider for a moment the old-fashioned computer hierarchy — from mainframe computers to mini- and micro-computers. Mainframes, more powerful than ever before, are still at the top of the ladder.

We almost never hear about minicomputers any more. Many of the tasks which seemed their exclusive domain are now routinely carried out by microcomputers. In fact, microcomputers are now performing tasks which, only a few years ago, required the most powerful mainframes. The computer ladder is now heavily weighted toward the bottom, or rather toward small computers. Laptop, pocket, even palmtop computers are all the rage. While any type of computer may be used for electronic publishing, a microcomputer is usually sufficient today. This kind of publishing is called desktop publishing.

We have chosen the vocabulary in this dictionary from the many manuals and magazines about computers and publishing. However, we have not limited ourselves to the terms recognized by an official organization. We have consulted recent and current literature, in both English and French, devoted to electronic publishing. The bibliography at the end of the French segment of this volume offers a sample of our working bibliography. Many of the works we scrutinized contain a glossary. If a term appeared in glossary after glossary in specialized texts, we chose to translate it and enter it in our dictionary, for these are the terms with which the desktop publisher will come into contact, and for which he or she will wish to know the equivalent.

Of course, desktop publishing, in French or English, also requires a working knowledge of French of English as well as the general terminology of microcomputer application. In general we have not included words that are part of common language, as this is a specialized dictionary. Moreover, we were very selective when including general vocabulary of microcomputer application. For instance, though it may appear in other glossaries or lexicographical works on electronic publishing, the word *bit* is not in this dictionary.

Terms and structure of the rubrics

First, our volume contains the information found in both an **English-French** and a **French-English glossary**. It contains over 2200 English terms and over 2100 French entries. Except in very rare instances, for all the terms, translation equivalents and synonyms are given.

Our precise sources are contained in a file, which is far more extensive than that which figures in this edition. We invented very few translations. Instead we carefully evaluated terms in use, and chose the one we felt to be the most appropriate. Occasionally, no term could be found. In most cases, it was we who coupled the English and French terms, according to the definitions and descriptions provided by our sources. This coupling was made more difficult by the terminological variation from one author or one system to another: such as in typographical vocabulary the varying names of sizes and styles of character fonts.

But our dictionary is much more than a mere glossary, limited to providing the translations of headwords.

It specifies the **syntactic category** of each term: *N*(=noun), *V*(=verb) or *A*(=adjective). This is particularly valuable in English, where verbs and nouns are often transposed, for example, the various forms of the word *cut*. In French, we found it useful to indicate the gender of nouns: *f* for feminine, *m* for masculine. Where the noun is plural, we have added *pl* to the abbreviation *N*. The symbol *pr* indicates a proper noun.

The **analogical information** makes our volume distinct from ordinary bilingual dictionaries. Wherever appropriate, we indicate other terms which relate to the entry in question. (For English entries, semantic cognates appear in the English-French section; for French entries, in the French-English section.) Moreover, unlike most dictionaries, we specify the exact semantic relation between the two terms.

Synonyms appear first. Synonyms are terms which are exactly equivalent. Synonyms have a transitive relationship: if *A* is a synonym for *B*, and *B* is a synonym for *C*, then *A* is also a synonym for *C*. Thus a single translation is often sufficient for a chain of synonymous terms.

The basic term will be the one most often used or the one which is, in our opinion, most appropriate. Thus, when a term is not translated, it is followed immediately by *Syn.* This abbreviation is followed by a synonym to the basic term. Under this synonym, the translation equivalent will be found. (We have used this same system of cross-referencing in the case of a separate entry for each variant of a term. Thus, in the English-French section, there is no translation under **vortex,** only the note *"Var: vertex."* The French translation appears under *vertex* - it is also *"vertex"!*)

For the convenience of the user, we do not take this system to the extreme. There are synonyms for which we have provided a separate translation for each. This allows for possible divergences in connotation or points of view. For example, we have retained the two distinct rubrics for the synonym pairs *upright format - format en hauteur* and *portrait format - format portrait.* These four terms refer to the same concept, but in reality express it differently by each.

We distinguish **quasi-synonyms** from synonyms. Many lexicographical works fail to draw this distinction. They may present terms which are similar but not precisely the same, as synonyms. We consider a term with a resemblance in meaning (not in the sense of a hyponym, antonym, or partonym which are discussed below) – to be a quasi-synonym. (This distinction is not always easy to make.)

Traditional dictionaries also indicate **antonyms** of the basic term. However, the word *antonym* holds distinct meanings for different authors. We will not attempt to review the literature on this subject, but will refer only to the works of Lyons, *Semantics* (Cambridge University Press, 1977), and Cruse, *Lexical Semantics* (Cambridge University Press, 1986).

Our abbreviation *Ant.* in both English and French, is used to indicate the following.

a)   a contradiction of the entry: *even page* vs. *odd page* (There is no third possibility, a page must be either even or odd.)

b)   an opposite of the entry: in this case, the antonyms can be ordered by degree. For example, the progression of terms describing the width of characters: *thin < extra light < light < book < medium < semi bold < bold < heavy < ultra < black*

c)   a directional opposite: *right-justified* vs. *left-justified*

d)   a converse: *hyponym* and *hyperonym:* if *A* is a hyponym of *B,* then *B* is a hypernym of *A,* and vice-versa. (These terms are examples of our meta-language, which will be explained shortly.)

We ultimately decided not to make these distinctions in the traditional class of antonyms. After all, our dictionary is not intended for lexicologists as such, but rather for desktop publishers, either amateur or professional. In fact, for the public at large. What is important for this purpose is not so much the semantic subtleties, but rather the establishment of clear links between terms.

Our volume surpasses the current dictionaries in its recognition of another semantic relation: **hyponymy**. This is the word that indicates a traditional relationship of genus to species. *A* is a hyponym to *B,* if *A* is a type of *B*. Conversely, *B* is then the hypernym of *A*. Thus, *widow* and *orphan* are hyponyms of *tag ends*, and *tag ends* is a hyperonym of the other two terms.

Partonymy is sometimes confused with hyponymy. However, the term *partonymy* is very clear in spite of its scholarly appearance. *A* is a partonym of *B* if it denotes a part of *B*. Texts, characters, software – everything relevant to electronic publishing – can be divided into parts, which are indicated by the appropriate terms: partonyms. Thus, *title page, abstract, acknowledgement, copyright, dedication, foreword, frontispiece, half-title page, introduction, preface, table of contents, table of illustrations, table of tables* are partonyms of *front matter*.

While it may be somewhat daunting at first glance, one quickly becomes accustomed to this semantic terminology. And these concepts are very helpful in explaining semantic relationships, which provide the essence of meaning.

The definitions found in unilingual dictionaries are generally paraphrases or expansions of these relationships. Indeed, these dictionaries often limit themselves to a single synonym for the entry, or they say that *X* is a sort of *Y* (hyponymy relation) which is not a *Z* (antonymy relation) or that *X* is a part of *W* (partonymy).

The current dictionary seeks to **describe** and not prescribe **word usages**, in all their diversity. This is not to say that we put every expression or semantic relationship on the same plane. The choice of one term over another often shows our preference.

Acknowledgements

At the outset of our research, Denise Daoust provided us with detailed information, and Carmen Campbell helped us greatly with our bibliographical research. We also held informative conversations with Pierre Marchand, as well as with Nada Kerpan and Anne Boisvert.

At UQAM, Victor Rosilio, the director of reprography, made available to us a great deal of literature on electronic publishing; Clémence Préfontaine, a professor in the department of linguistics, lent us a hand with her customary efficiency. We would also like to thank Jean-Claude Rondeau, now President of the Office de la langue française, and especially Guy Dumas, now interim Secretary of linguistic policy. His access to financial means made it possible to complete our research.

Claude Ryan, the minister responsible for the application of the French language charter, accorded us the necessary subsidies. Finally, a special thanks to the subsidy committee of UQAM publishing for its financial aid.

This volume was assembled entirely by the two authors, without secretarial aid, and under stringent logistical and financial constraints. Despite our painstaking efforts, certain imperfections may have eluded us. We intend to issue updates to our present work, a process which will be facilitated by the computer integration of our files. We would appreciate any suggestions you may have to improve the text. Please address your comments to:

Paul Pupier
Department of Linguistics
Université du Québec à Montréal
P.O. Box 8888, Station A, Montreal, Quebec. H3C 3P8
Fax: (514) 987-4652

ABBREVIATIONS

A: .... adjective
Abbr.: .... abbreviation(s)
Adv.: .... adverb
Ant.: .... antonym(s)
Cf.: .... see (also)
G. B.: .... Great Britain
Hyperon.: .... hyperonym(s)
Hypon.: .... hyponym(s)
N: .... noun
N pl: .... plural noun
N pr: .... proper noun
Parton.: .... partonym(s)
Quasi-syn.: .... quasi-synomym(s)
Syn.: .... synonym(s)
U. S.: .... United States of America
V: .... verb
Var.: .... variant(s)

ENGLISH-FRENCH

& N
&
Abbr. for ampersand.

100% area chart N
graphique à banderole
Syn.: band(ing) chart.
Hyperon.: area chart; chart; surface chart.

2.5D A
2,5D
Var.: 2 1/2-D.
Abbr. for two-and-a-half dimensional.

3-D graph N
graphique 3D
Abbr. for three-dimensional graphic.

3-D image N
image 3D
Abbr. for three-dimensional image.

A

accent N
accent
Mark or symbol added to a letter.
Hyperon.: diacritic.

accented character N
caractère accentué

achromatic A
achromatique
Printed material that is black, gray and white.

actual size *[in PageMaker]* N
grandeur réelle
Syn.: normal view.

addition button N
bouton d'ajout

additional character N
caractère spécial
Syn.: special character.

addressable point N
point adressable
Syn.: addressable position.

addressable position N
Syn.: addressable point.

addressable vertical point N
Syn.: display column.

adjust N
redisposition

adjustable hyphenationN
césure paramétrable

adjustable margin N
marge paramétrable

adjusted setting N
Syn.: justified composition.

aerobrush N
Syn.: air brush.

aerograph N
Syn.: air brush.

agate line N
ligne agate
Var.: agate-line.

air N
blanc
White or unprinted space in a layout or on a page.

air brush N
aérographe (électronique)
Var.: airbrush.
Syn.: aerobrush; aerograph; brush (1).

aliasing N
crénelage (effet de)
Syn.: jagged lines and edges; jaggies; staircaselike effect; stairstep effect.

align (against) V
aligner (sur)

align center V
aligner au centre

align left V
aligner à gauche
Syn.: flush left.

align right V
aligner à droite
Syn.: flush right.

aligning figure N
Syn.: lining figure.

alive matter N
Syn.: live matter.

alive type N
Syn.: live matter.

alley N
allée
Syn.: gutter (1).

alphabet length N
longueur d'alphabet
Syn.: alphabet size; alphabet width.

alphabet size N
Syn.: alphabet length.

alphabet width N
Syn.: alphabet length.

alphanumeric(al) A
alphanumérique

ampersand N
perluète
Abbr.: &.
Syn.: short «and».

anamorphic scaling N
mise à l'échelle par anamorphose
Syn.: anamorphic sizing.

anamorphic sizing N
Syn.: anamorphic scaling.

anchor V
ancrer

anchoring N
ancrage

annotate V
annoter

annotation N
Syn.: comment.

anti-aliasing N
anti-crénelage
Var.: antialiasing.
Syn.: dejagging.

anti-aliasing algorithm N
algorithme d'anticrénelage
Var.: antialiasing algorithm.

apex (of a character) N
apex (d'un caractère)
Quasi-syn.: root; top.
Parton. of letter.
Ant.: vortex.

arc N
arc

area chart N
graphique de surface(s)
Syn.: area diagram; area graph.

area composition N
composition par zones
Ant.: page composition.
Hyperon.: composition.

area diagram N
Syn.: area chart.

area graph N
Syn.: area chart.

argon-ion laser scanner N
scanner laser à argon ionisé
Syn.: ionized argon laser scanner.

arithmetic capability N
fonction de calcul
Syn.: math capability; math feature.

arm *N*
transverse supérieure

array *N*
tableau (de données)
Quasi-syn.: table.

arrow key *N*
touche de directivité

art *N*
illustration (1)
Syn.: artwork; illustration.

artwork *N*
Syn.: art.

ascender (1) *N*
jambage ascendant
Ant.: descender.
Parton. of letter.

ascender (2) *N*
lettre ascendante
The characters b,d,f,h,k,l and t are ascenders.

ascender line *N*
alignement supérieur des hampes
Syn.: ascent line.

ascending compatibility *N*
compatibilité ascendante

ascending sort *N*
Syn.: sort in ascending order.
Ant.: descending sort.

ascent line *N*
Syn.: ascender line.

ASCII (code/format) *N*
ASCII (code/format)
Abbr. for American Standard Code for Information Interchange.

assembled (view) *A*
assemblé
Ant.: exploded view.

assignment list *N*
liste d'assignation

asterisk *N*
astérisque

asymmetrical layout *N*
mise en pages asymétrique
Syn.: dynamic balance.
Ant.: symmetrical layout.

attribute *N*
attribut

auto reformatting *N*
reformatage automatique

auto text flow *N*
Syn.: automatic text flow.

auto-indexing *N*
Syn.: (automatic) indexing.

auto-kerning *N*
crénage automatique
Syn.: automatic kerning.

autoflow mode *[PageMaker]* *N*
mode déroulement automatique

automatic carrier return *N*
retour à la ligne automatique
Syn.: automatic return.

automatic centering *N*
centrage automatique
Hyperon.: centering.

automatic decimal tab *N*
tabulation automatique des décimales
Hyperon.: decimal tab.

automatic footers *N pl*
répétition automatique de(s) bas de page
Cf. footer.

automatic footnote tie-in *N*
rattachement automatique des notes en bas de page
Hyperon.: footnote tie-in.

automatic format *N*
Syn.: default format.

automatic forward reset *N*
retour automatique en fin de texte

automatic headers *N pl*
répétition automatique des/d'en-
têtes de page
Cf. headers.

automatic headers/footers *N pl*
répétition automatique des en-
têtes et des bas de page

**automatic hyphenation
(feature)** *N*
césure automatique (fonction de)
Syn.: computerized hyphenation.
Cf. hot zone.

automatic hyphens *N*
traits d'union automatiques

automatic index generation *N*
création automatique d'index
Syn.: index feature.

(automatic) indexing *N*
indexation (automatique)
Syn.: auto-indexing.

automatic justification *N*
justification automatique
Hyperon.: justification.

automatic kerning *N*
Syn.: auto-kerning.

automatic line numbering *N*
numérotation automatique des
lignes
Hyperon.: line numbering.

automatic line spacing *N*
interlignage automatique
Syn.: line spacing feature.
Hyperon.: line spacing.

automatic margin adjust *N*
modification automatique de
marge
Hyperon.: margin adjust.

automatic page break *N*
saut de page automatique
Syn.: automatic pagination.
Hyperon.: page break.

automatic page numbering *N*
numérotation automatique de
pages
Hyperon.: page numbering.

automatic pagination *N*
pagination automatique
Syn.: automatic page break; soft
page feature.
Hyperon.: pagination.

**automatic paragraph
number-ing** *N*
numérotation automatique de(s)
paragraphes
Hyperon.: paragraph numbering.

automatic repagination *N*
repagination automatique
Hyperon.: repagination.

automatic repeat key *N*
touche à action répétitive

automatic return *N*
Syn.: automatic carrier return.

automatic shadowing *N*
ombrage automatique

automatic sheet-feeder *N*
margeur automatique feuille à
feuille

automatic tab memory *N*
mémorisation de la tabulation

**automatic table of contents
generation** *N*
création automatique de tables
des matières

automatic text flow *N*
déroulement automatique du
texte en colonnes
Syn.: auto text flow.

automatic typesetting *N*
composition automatique
Quasi-syn.: computerized
typesetting; computer
typesetting.
Hyperon.: typesetting.

automatic underlining *N*
soulignement automatique
Hyperon.: underlining.

automatic widow adjust *N*
ajustement automatique de ligne
creuse
Quasi-syn.: widow and orphan
feature; widow/orphan protec-
tion.
Hyperon.: widow adjust.

**automatic word
wraparound** *N*
renouement automatique des
mots
Var.: automatic word wrap around.
Hyperon.: word wraparound.

autotrace *N*
traçage automatisé sur gabarit

Avant Garde *N pr*
Avant-garde

B

B & W *N*
Abbr. for Black and White.

B-spline *N*
Abbr. for B-spline curve.

B-spline curve *N*
courbe B-spline
Abbr.: B-spline.

back margin *N*
marge intérieure
Abbr.: back(s).
Syn.: binding margin; gutter
(margin); inner margin; inside
margin.
Quasi-syn.: center margin; gutter
stick.

back(s) *N*
Abbr. for back margin.

back slant *N*
inclinaison vers la gauche

back title *N*
titre de dos

back-to-back *N*
recto verso (1)
Syn.: double-sided page.

background *N*
fond d'impression

background printing *N*
impression en simultanéité

backmatter *N*
annexes
Var.: back matter.
Material following the regular text.
Syn.: endmatter.
Ant.: front matter.

backslant *N*
italique inversé
Var.: back slant.
Ant.: italic.

backspace *N*
recul
Abbr.: BKSP; BS.
Quasi-syn.: backspacing.

backspace correction *N*
correction par rappel arrière

backspace key *N*
touche de recul

backward sort *N*
Syn.: sort in descending order.

bad break *N*
mauvaise coupure
Hypon.: orphan; widow.

balance *N*
équilibre
Visual weight of elements on a page.
Hypon.: dynamic balance; formal
balance.

ball *N*
boule
Parton. of letter.

balloon (1) N
bulle
Used to encircle dialogue.

balloon (2) N
Syn.: bubble.

band(ing) chart N
Syn.: 100% area chart.

banner N
gros titre
Syn.: flag (2).

bar N
transverse
Parton. of letter.

bar chart N
graphique à barres
Syn.: bar diagram; bar graph; simple bar chart.
Hyperon.: chart.
Hypon.: column diagram; histogram; horizontal bar chart; horizontal bar graph.

bar diagram N
diagramme en bâtons
Syn.: bar chart.

bar graph N
Syn.: bar chart.

base alignment N
alignement horizontal
Var.: base alinement.
Syn.: baseline alignment.

base color N
couleur de fond
Var.: base colour.

baseline N
ligne de base
Var.: base line; base-line.
Cf. base alignment; x-height.

baseline alignment N
Syn.: base alignment.

basic reproduction page N
page montée pour photogravure

Baskerville N *pr*
Baskerville

bastard title N
titre bâtard
Syn.: half title.

beak N
bec

Benday process N
benday

bent lead line N
Syn.: dogleg.

best (printing) A
qualité supérieure (d'impression)

bevel (line ending) A
Syn.: beveled.

beveled (line ending) A
biseauté (extrémité d'une ligne)
Syn.: bevel.

Bézier curve N
courbe de Bézier
Var.: Bezier curve.

bf N
Abbr. for boldface.

bidirectional printing N
impression bidirectionnelle
Syn.: bustrophedon printing; two-direction printing.

binding margin N
marge de reliure
Syn.: back margin.

bit map drawing N
dessin matriciel

bit map type N
Syn.: bit-mapped font.

bit mapped display N
affichage en mode point
Var.: bit-mapped display.

bit mapped screen N
écran (graphique) en mode point

bit per pixel *N*
bit par pixel

bit-map (1) *N*
mode point
Var.: bitmap; bit map.
Ant.: vector.

bit-map (2) *A*
Syn.: bit-mapped.

bit-map file *N*
fichier en mode point
Syn.: paint-type file.

bit-map image *N*
image en mode point

bit-map(ped) font *N*
police en mode point
Var.: bit map font; bit(-)map fount.
Syn.: bit map type.
Quasi-syn.: bit-mapped characters.
Ant.: outline font.

bit-map(ped) graphic *N*
graphique en mode point

bit-mapped *A*
à mémoire à points
Var.: bit mapped.
Syn.: bit-map (2).
Cf. bit mapped display; bit mapped
    screen.

bit-mapped characters *N pl*
caractères en mode point
Quasi-syn.: bit-map(ped) font.

bitmap editor *N*
éditeur en mode point

BKSP *N*
Abbr. for backspace.
Syn.: BS.

black *A*
noir

black and white *N*
noir et blanc
Abbr.: B & W.
Syn.: reproduction proof.
Quasi-syn.: black and white print.

black letter *N*
Var.: blackletter.
Syn.: Gothic face.

black printer *N*
cliché du noir
Quasi-syn.: black plate.

blackface (type) *N*
Syn.: boldface.

blank line *N*
ligne de blanc

bled-off illustration *N*
Syn.: bleed (illustration).

bleed *V*
à fond perdu (être)

bleed (illustration) *N*
illustration à fond perdu
Syn.: bled-off illustration; full bleed.

blinking *N*
clignotement

block (1) *N*
bloc (de texte)
Syn.: text block.

block (2) *N*
réserve
Syn.: frame.

block (3) *N*
Syn.: block text.

block composition *N*
composition au carré

block copy *N*
(re)copie de blocs de texte
Cf. copy and paste.

block letter *N*
lettre moulée
Syn.: block type.

**block manipulation
(function)** *N*
manipulation de blocs de texte
(fonction de)
Syn.: block operations.

block marker *N*
délimiteur de bloc (de texte)

block move *N*
déplacement de blocs de texte
Cf. cut and paste.

block move/copy *N*
déplacement et copie de blocs de
texte
Cf. block copy; cut and paste.

block operations *N pl*
Syn.: block manipulation (function).

block out halftone *N*
Syn.: silhouette (halftone).

block sort *N*
tri (alphabétique) sur blocs de
texte

block text *N*
pavé (de texte)
Syn.: block (3).

block type *N*
Syn.: block letter.

blocking out *N*
masquage (des parties d'un
document/d'un film)
Syn.: masking out.

blow up *V*
agrandir
Var.: blow-up.
Syn.: enlarge; scale up.
Ant.: reduce.

blowout *N*
Var.: blow-out.
Syn.: dropout halftone.

blowup *N*
agrandissement

board *N*
Syn.: camera-ready art; mechanical.

Bodoni *N pr*
Bodoni

body (1) *N*
Syn.: body size.

body (2) *N*
corps du texte
Syn.: body copy; body text (1).

body copy *N*
Syn.: body (2).

body height *N*
Syn.: body size.

body matter *N*
Syn.: body type.

body size *N*
corps (d'un caractère/d'une lettre)
Syn.: body (1); body height; font size;
point size; size (1); type size.

body text (1) *N*
Syn.: body (2).

body text (2) *N*
texte courant

body type *N*
caractère de labeur
Syn.: body matter; reading type; text
type.
Quasi-syn.: body fount; body size;
bread-and-butter-face; main
type.
Ant.: display type.

body width *N*
Syn.: set width.

boilerplate composition *N*
composition passe-partout

**boilerplate (document/
feature/graphics/text)** *N*
standard (document/fonction/
graphisme/texte)

boilerplate library *N*
bibliothèque d'exemples

boilerplate paragraph *N*
paragraphe standard
Var.: boiler-plate paragraph.

**boilerplate paragraphs
library** *N*
bibliothèque de paragraphes
standard

bold *A*
gras

bold type *A*
Syn.: boldface (character).

boldface *V*
mettre en (caractères) gras
Abbr.: bf.

boldface (character) *N*
(caractère) gras
Var.: bold face.
Syn.: blackface (type); bold type.
Quasi-syn.: fat-face(d) type; fat type;
full face(d) type.
Hyperon.: typeface.

boldface printing *N*
impression en caractères gras

boldfacing *N*
mise en (caractères) gras
Syn.: bolding.

bolding *N*
Syn.: boldfacing.

Bookman *N pr*
Bookman

border (frame) *N*
Syn.: frame.

bottle-necked (type) *A*
aplati (caractère)
Ant.: bottle-bottom type.

bottom line *N*
Syn.: footline.

bottom margin *N*
blanc de pied
Syn.: foot margin; tail margin.

bottom note *N*
Syn.: footnote.

bottom (of a page) *N*
bas (de page)
Cf. footline.

bowl *N*
panse
Part.of letter.

box (1) *N*
encadrer

box (2) *N*
boîte
Syn.: frame.
Quasi-syn.: rule box.

box heading *N*
Syn.: boxhead.

box text *N*
boîte de texte

boxed-in (text) *A*
Syn.: sidebar.

boxhead *N*
titre encadré
Syn.: box heading.

boxing *N*
découpage en boîte

brace *N*
accolade

bracket *N*
crochet

bracketed serif *N*
empattement elzévirien

break *N*
rupture

brightness *N*
luminosité
Syn.: intensity; lightness.

broadsheet *N*
Syn.: broadside (2).

broadside (1) *N*
impression au recto seulement

broadside (2) *N*
illustration à l'italienne
Syn.: broadsheet; horizontal page.

broadside (3) *N*
in-plano
Quasi-syn.: broadsheet; leaflet.

broken line *N*
trait discontinu
Syn.: discontinuous line.
Ant.: continuous line.

brush (1) *N*
Syn.: air brush.

brush (2) *N*
pinceau

brush (3) *N*
balai de lecture
Quasi-syn.: read brush.

BS *N*
Abbr. for backspace.
Syn.: BKSP.

bubble *N*
légende encadrée
Syn.: balloon (2).

buffer *N*
mémoire tampon
Cf. clipboard.

built-in font *N*
police de caractères résidente
Ant.: cartridge font; downloadable font.

bulking dummy *N*
maquette d'épaisseur
Hyperon.: layout.

bullet (point) *N*
gros point
Syn.: centered dot; meatball.
Hyperon.: pi character.

business chart *N*
Syn.: business graphic.

business graph *N*
Syn.: business graphic.

business graphic *N*
graphique de gestion
Syn.: business chart; business graph; management graphic; presentation graphic.

business graphics *N*
infographie de gestion
Syn.: computer business graphics.

bustrophedon printing *N*
Syn.: bidirectional printing.

by default *A*
implicitement

C

C *N*
C
Abbr. for character.

c&lc *N*
Var.: c & lc.
Abbr. for capitals and lowercase.

c&sc *N*
Var.: c and sc; c & sc.
Abbr. for caps and small caps *or* capitals and small capitals.

caching *N*
mise en antémémoire

CAD (1) *N*
CAO
Var.: C.A.D.
Abbr. for Computer-Aided Design.

CAD (2) *N*
Abbr. for Computer-Aided Drafting.

calculation *N*
calcul

callout *N*
chiffres-références
Var.: call-out.

CAM (1) *N*
Abbr. for Composition And Markup.

CAM (2) *N*
Abbr. for Composition And Makeup.

CAM (3) *N*
Abbr. for Computer Assisted Makeup.

camera-ready art(work) *N*
illustrations reproductibles
Syn.: board; mechanical.

camera-ready copy *N*
original prêt à photographier
  Syn.: camera-ready mechanical;
    mechanical; reproduction copy.

camera-ready document *N*
modèle à photographier
  Quasi-syn.: master copy; mechanical;
    reproduction copy.

camera-ready mechanical *N*
  Syn.: camera-ready copy.

cancel *V*
annuler (1)

cap height *N*
hauteur des capitales
  Syn.: capital height; cap size.

cap line *N*
  Abbr. for capital line.

cap(s) *N (pl)*
  Abbr. for capital(s).

cap size *N*
  Syn.: cap height.

capital *N*
capitale
  Syn.: capital letter; uppercase;
    uppercase letter.
  Hypon.: drop cap.

capital height *N*
  Syn.: cap height.

capital letter *N*
  Syn.: capital.

capital line *N*
alignement des majuscules
  Abbr.: cap line.

capitals and lower case *N pl*
  Abbr.: caps and lower case; c&lc.
  Var.: capitals and lowercase.
  Syn.: upper and lower case.

capitals and small capitals *N*
capitales et petites capitales
  Abbr.: caps and small caps; c&sc.

caps and lower case *N pl*
  Abbr. for capitals and lower case.

caps and small caps *N pl*
  Abbr. for çapitals and small
    capitals.

caption *N*
légende (2)
  Syn.: cutline; overline.

carding *N*
interlignage papier
  Syn.: feathering.
  Hyperon.: vertical justification.

caret *N*
signe d'insertion

carriage return *N*
retour (de/du) chariot
  Abbr.: CR.
  Hypon.: automatic carriage return;
    hard/soft carriage return.
  Cf. return key; line break.

carriage return key *N*
touche de retour à la ligne
  Syn.: enter key; return key.

carrier return *N*
retour-marge
  Hypon.: automatic carrier return.

cartridge font *N*
  Syn.: downloadable font.

case significant *A*
sensible à la capitalisation

casting off *N*
  Syn.: copy fitting.
  Quasi-syn.: casting up; cast off; copy
    casting; copy scaling.

casting up *N*
  Syn.: copy fitting.

castoff *N*
  Syn.: copy fitting.

CCD *N*
  Abbr. for Charged Coupled Device.

center *V*
centrer

center head *N*
titre centré
  Syn.: centre heading.

center point *N*
Syn.: space dot.

center spread *N*
Var.: center-spread.
Syn.: spread.

centered *A*
centré
Syn.: flush center; quad center.

centered dot *N*
point centré
Syn.: bullet.

centerfold *N*
Syn.: spread.

centering *N*
centrage
Hypon.: automatic centering.

centering on a tab stop *N*
centrage par rapport à un point
(du texte)

central processing unit *N*
unité centrale de traitement
Abbr.: CPU.

centre heading *N*
Syn.: center head.

CGA *N*
carte CGA
Abbr. for Color Graphics Adaptor.

chaining *N*
enchaînement

chapter *N*
chapitre
Quasi-syn.: section.

chapter head *N*
Syn.: chapter heading.

chapter heading *N*
titre de chapitre
Syn.: chapter head.

character *N*
caractère
Quasi-syn.: (printing) type.

character body width *N*
Syn.: set width.

character count *N*
compte des caractères

character density *N*
densité de caractères
Syn.: density (2).

character display *N*
affichage des caractères à l'écran

(character) font *[U.S.]* *N*
Var.: (character) fount *[G.B.]*.
Syn.: font.

character generation *N*
génération de caractères

character generator *N*
générateur de caractères

character key *N*
touche de caractère
Ant.: function key.

character magnification *N*
agrandissement de caractères

character master *N*
image-matrice

character outline *N*
contour du caractère
Syn.: outline (1).

character pitch *N*
pas des caractères

character pitch display *N*
indicateur du pas d'impression à
l'écran

character set *N*
jeu de caractères

character size control *N*
contrôle du corps des caractères
Var.: character-size control.

character spacing *N*
espacement (horizontal) des
caractères
Syn.: letterspacing.

character spacing display *N*
affichage de l'espacement des
caractères
Var.: character-spacing display.

character string *N*
Syn.: string.

character style *N*
Syn.: style.

character underlining *N*
soulignement du caractère

characters per inch *N*
caractères par pouce

characters per line *N*
caractères par ligne

characters per pica *N*
caractères par pica
Abbr.: CPP.
Cf. alphabet length; characters per
line.

characters per second *N*
caractères par seconde
Abbr.: cps; CPS.

charged coupled device *N*
dispositif à couplage de charge
Abbr.: CCD.
Var.: charge-coupled device.

chart *N*
graphique
Syn.: diagram; graph (1).
Hypon.: bar chart; column chart;
curve chart; pie chart; surface
chart.

chart of colors *N*
nuancier

Chicago *N pr*
Chicago

cicero *N*
cicéro
One cicero = *4.51 mm. One* cicero =
12 Didot points.
Cf. pica.

circle chart *N*
Syn.: pie chart.

Clarendon *N pr*
Clarendon

clean copy *N*
copie propre

clear *V*
effacer (l'écran)

clip art *N*
dessin par collage

clip-art disk *N*
picothèque

clipboard *N*
presse-papier
Cf. buffer.

clipping *N*
coupure

close bracket *N*
crochet fermant
Var.: closed bracket.
Ant.: open bracket.

close parenthesis *N*
parenthèse fermante
Ant.: open parenthesis.

close quotes *N*
guillemets fermants
Ant.: open quotes.

close register *N*
Syn.: hairline register.

close up (1) *V*
rapprocher

close up (2) *N*
fin d'insertion

closed trajectory *N*
trajectoire fermée
Ant.: open trajectory.

CLUT *N*
Abbr. for Color Look-Up Table.

cock-up initial *N*
Syn.: raised initial.

cold composition N
Syn.: cold type (composition).

cold copy N
Syn.: cold type (composition).

cold type (composition) N
composition sans plomb
Syn.: cold composition; cold copy;
cold typesetting; nonmetallic
composi-tion; strike-on
(typesetting).
Ant.: hot type.

cold typesetting N
Syn.: cold type (composition).

collate N
assembler

collating N
assemblage
Cf. folding.

color correction N
correction des couleurs
Var.: colour correction.

color display N
affichage (de la) couleur
Var.: colour display.

color gamut N
gamme de couleurs

color graphics N
traitement de graphiques couleur
Var.: colour graphics.

color graphics adapter N
adaptateur graphique couleur
Abbr.: CGA.
Var.: colour graphics adapter.

color guide N
hirondelle

color look-up table N
palette (de couleurs)
Abbr.: CLUT.
Var.: colour look-up table.
Syn.: palette.

color monitor N
moniteur couleur

color printer N
imprimante couleur
Var.: colour printer.

color registration N
repérage des couleurs

color scanner N
scanner couleur
Var.: colour scanner.

color separation device N
dispositif de séparation des
couleurs

color separation(s) N
sélection des couleurs
Var.: colour separation.
Syn.: separation.
Parton. of process printing.

color sequencing N
mise en ordre des couleurs pour
l'impression

color thermal printer N
imprimante thermique couleur
Var.: colour thermal printer.

color workstation system N
système de traitement
électronique des couleurs
Var.: colour workstation system.

column N
colonne

column balancing N
équilibrage des colonnes
Quasi-syn.: balanced columns.

column break N
rupture de colonne

column chart N
graphique à barres verticales
Syn.: column diagram; simple
column chart; vertical bar chart;
vertical bar graph; vertical
column chart.
Hyperon.: bar chart.

column diagram N
diagramme à colonnes
Syn.: column chart.
Hyperon.: bar chart; bar diagram.

column feature *N*
Syn.: multicolumn capability.

column guide *N*
repère de colonne
Var.: column guides.

column head *N*
intitulé (de colonne)

column move/delete *N*
transfert/suppression de colonnes

column rule *N*
filet de séparation des colonnes

column snaking *N*
enchaînement de(s) colonnes

column wrap *N*
renouement de(s) colonnes

columnar arrangement *N*
mise en pages en colonnes

COM *N*
COM
Abbr. for Computer Output Micro-
film.

comment *N*
commentaire
Syn.: annotation.

comp *N*
Abbr. for comprehensive layout.

compose *V*
composer
Quasi-syn.: set; set type; set up;
type; typeset; type-set.

composing machine *N*
Syn.: typesetting machine.

composition *N*
composition (1)
Syn.: setting (of the text);
typesetting.
Hypon.: electronic composition.

composition and makeup *N*
composition et mise en pages
Abbr.: CAM (2).
Quasi-syn.: composition and markup.

composition programme *N*
programme de composition
Syn.: composition software.

composition software *N*
Syn.: composition programme.

composition system *N*
système de composition
Cf. editorial system.

comprehensive layout *N*
maquette détaillée
Abbr.: comp.
Syn.: comprehensive sketch.

comprehensive sketch *N*
Syn.: comprehensive layout.

compressed (print/type) *A*
Syn.: condensed (type).

compression *N*
regroupement
Quasi-syn.: concentration; gathering;
packing.

computer business graphics *N*
Syn.: business graphics.

computer graphics *N*
infographie
Syn.: computer-generated drawing;
graphic data processing.

computer output microfilm *N*
sortie d'ordinateur sur microfilm
Abbr.: COM.
Var.: computer-output microfilm.

computer typesetting *N*
Syn.: computerized typesetting.

computer-aided composition *N*
composition informatisée
Syn.: computer-aided typesetting;
computer-assisted composition.

computer-aided design *N*
conception assistée par
ordinateur
Abbr.: CAD (1).
Var.: computer aided design.

computer-aided drafting *N*
dessin assisté par ordinateur
Abbr.: CAD (2).

computer-aided graphic design *N*
conception graphique assistée par ordinateur

computer-aided publishing *N*
Abbr.: CAP.
Syn.: electronic publishing.

computer-aided typesetting *N*
composition assistée par ordinateur
Syn.: computer-aided composition.

computer-assisted composition *N*
Syn.: computer-aided composition.

computer-assisted makeup *N*
mise en pages assistée par ordinateur
Abbr.: CAM (3).
Quasi-syn.: computerized page makeup.

computer-generated drawing *N*
Syn.: computer graphics.

computer-generated image *N*
image électronique
Var.: computer generated image.

computerized hyphenation *N*
Syn.: automatic hyphenation.

computerized page makeup *N*
mise en pages directe par ordinateur
Quasi-syn.: computer-assisted makeup.

computerized typesetting *N*
composition par ordinateur
Var.: computer typesetting.

computerized word processing *N*
traitement de texte automatisé
Quasi-syn.: word processing.

concatenation *N*
concaténation

condensed (type/face/font/ style) *A*
étroit (caractère)
Syn.: compressed (type).
Quasi-syn.: elongated (type).
Cf. kerning; tracking.
Ant.: expanded.

condensing (of characters) *N*
étroitisation (des caractères)
Ant.: expanding (of characters).

conditional hyphenation *N*
coupure conditionnelle

conditional page break *N*
changement de page conditionnel
Syn.: conditional page eject.

conditional page eject *N*
Syn.: conditional page break.

conditional pages *N pl*
pages conditionnelles

constants *N pl*
constantes

contents *N*
Abbr. for table of contents.

continued line *N*
Syn.: jump line.

continuous line *N*
trait plein
Ant.: broken line; discontinuous line.

continuous tone *A*
à ton continu
Var.: continuous-tone.
Ant.: line art (1).

continuous tone image *N*
image à ton continu

continuous tone negative *N*
cliché à ton continu
Ant.: halftone negative.

continuous underlining *N*
soulignement continu

continuous-tone artwork *N*
illustration à ton continu

continuous-tone copy *N*
document en teintes continues
Ant.: line copy.

**continuous-tone
photograph** *N*
photographie en demi-teinte

contour *N*
contour (1)
Cf. wraparound.

contrast *N*
contraste

contrast enhancement *N*
accentuation des contrastes

control code display *N*
affichage des codes de commande

control codes *N pl*
codes de commande
Cf. control key; embedded code.

control handle *N*
poignée de contrôle

control key (1) *N*
touche (de) fonction
Syn.: function key.
Cf. control code; embedded code.
Ant.: character key.

control key (2) *N*
touche contrôle
Abbr.: CTRL key.

control points *N pl*
points de contrôle

controlling dimension *N*
dimension déterminante

copper space *N*
Syn.: hair space.

copy (1) *V*
copier

copy (2) *N*
copie

copy and paste *N*
copie et insertion
Syn.: block copy.

copy and paste *V*
copier-coller

copy block *N*
bloc texte
Syn.: text block.

copy casting *N*
Syn.: copy fitting.

copy editing *N*
travail éditorial
Var.: copyediting.
Syn.: editing.

copy fitting *N*
calibrage (de la copie)
Var.: copyfitting.
Syn.: casting off; casting up; castoff;
copy casting; copy scaling.
Cf. characters per line.

copy preparation *N*
préparation du manuscrit
Syn.: production editing.

copy scaling *N*
Syn.: copy fitting.

corporate publishing *N*
édition d'entreprise

**correspondence quality
printing** *N*
Syn.: letter quality printing.

counter (1) *N*
évidement
Hypon.: full counter; partial counter;
void.

counter (2) *N*
Syn.: partial counter.

Courier *N pr*
Courier

CPP *N*
Abbr. for Characters Per Pica.

CPS *N*
Abbr. for Characters Per Second.

CPU *N*
Abbr. for Central Processing Unit.

CR *N*
Abbr. for Carriage Return.

create a merge *V*
réaliser une fusion
> *Syn.:* merge.

crop *V*
rogner

crop marks *N pl*
traits de coupe
> *Syn.:* trim marks.

cropping *N*
rognage
> *Syn.:* trimming.

cross hatching *N*
recoupe de hachures

cross mark *N*
repère en croix

cross-haired cursor *N*
curseur à réticule

cross-section (view) *N*
vue en coupe

crossfooting *N*
opération horizontale

crosshead *N*
sous-titre centré
> *Hyperon.:* subhead (1).

crossline screen *N*
trame quadrillée

CTRL key *N*
> *Abbr. for* control key (2).

current font *N*
fonte courante

current page *N*
page courante

current selection box *N*
case de sélection courante

cursive (type/script) *N*
cursive
> *Syn.:* non-joining script; script type.

cursor control key *N*
touche de positionnement du curseur

cursor memory *N*
position repère

cursor positioning *N*
placement du curseur

curve chart *N*
graphique d'évolution

curve-linear graphics *N*
> *Syn.:* vector graphics.

cut (1) *N*
illustration (2)

cut (2) *N*
couper

cut and paste *V*
couper-coller
> *Quasi-syn.:* move.

cut and paste *N*
couper-coller
> *Quasi-syn.:* (block) move.

cut-in head *N*
titre inséré

cut-in initial *N*
initiale alignée en tête sur la première ligne
> *Syn.:* drop(ped) initial.

cut-in sidehead *N*
intertitre inséré
> *Hyperon.:* subhead (2).

cut-out halftone *N*
> *Syn.:* silhouette halftone.

cutline *N*
> *Syn.:* caption.

cyan *N*
cyan
> *Syn.:* process blue.

D

D.D.C.P. *N*
> *Abbr. for* **D**irect **D**igital **C**olor Proofer.

dagger *N*
obèle

dash *N*
Syn.: em dash.

dash leaders *N pl*
tirets de conduite
Syn.: hyphen leaders.
Cf. em dash; en dash.

dash rule *N*
Syn.: em dash.

data conversion processor *N*
processeur de conversion
d'information

data entering *N*
Syn.: data entry.

data entry *N*
saisie de(s) données
Syn.: data entering; data input.
Quasi-syn.: data acquisition; data
gathering.

data format *N*
format de données

data input *N*
Syn.: data entry.

DCA *N*
Abbr. for Document Content
Architecture.

DDE *N*
Abbr. for Dynamic Data Exchange.

DDL *N*
Abbr. for Document Description
Language.

dead key *N*
touche morte

dead matter *N*
matière morte
Syn.: dead type; killed matter.
Ant.: live matter.

dead type *N*
Syn.: dead matter.

decimal alignment *N*
Syn.: decimal tab.

decimal tab *N*
tabulation décimale
Syn.: decimal alignment; decimal
tabulation.
Hypon.: automatic decimal tab.

decimal tabulation *N*
Syn.: decimal tab.

decked head *N*
Syn.: spanner head(ing).

decomposition *N*
décomposition

decorated letter *N*
lettre ornée
Syn.: decorative font/type.

decorative font/type *N*
Syn.: decorated letter.

**dedicated publishing
system** *N*
logiciel d'édition spécialisé

(dedicated) word processor *N*
système (spécialisé) de
traitement de textes

deep-etch(ed) halftone *N*
simili grand creux
Var.: deep etched halftone.
Syn.: highlight halftone.

default (format) *N*
standard (format)
Syn.: automatic format.

default page *[for QuarkXPress] N*
Syn.: master page.

default reversion *N*
retour implicite à la normale

default style sheet *N*
feuille de style implicite

**default (style/option/
statement/value)** *A*
défaut (disposition/option/
présentation/valeur par)

dejagging *N*
Syn.: anti-aliasing.

delete *V*
supprimer
Syn.: erase.

delete (capability) *N*
Syn.: erase (feature).

deletion *N*
suppression
Syn.: removal; suppression.

delimiter *N*
délimiteur
Syn.: separator.

demi bold *A*
Syn.: semi-bold.

density (1) *N*
densité optique
Syn.: optical density; value (of colors).

density (2) *N*
Syn.: character density.

density range *N*
échelle de contraste
Syn.: density scale.

density scale *N*
Syn.: density range.

depth *N*
hauteur
Syn.: height.

descender (1) *N*
jambage descendant
Ant.: ascender.
Parton. of letter.

descender (2) *N*
lettre descendante

descender line *N*
alignement inférieur des hampes
Syn.: descent line.

descending sort *N*
Syn.: sort in descending order.
Ant.: ascending sort.

descent line *N*
Syn.: descender line.

descriptor *N*
Syn.: key word.

desktop publish *N*
faire de la micro-édition

desktop publisher *N*
éditicien(ne)

desktop publishing *N*
micro-édition
Abbr.: DTP.

**desktop publishing
program** *N*
logiciel de micro-édition
Syn.: desktop publishing system.

desktop publishing system *N*
Syn.: desktop publishing program.

**desktop publishing work-
station** *N*
poste de travail en micro-édition

destructive backspace *N*
recul avec effacement
Syn.: rubout.

destructive cursor *N*
curseur effaçant
Ant.: non-destructive cursor.

diacritic *N*
diacritique
Syn.: diacritic(al) mark.
Hypon.: accent.

diacritic(al) mark *N*
signe diacritique
Syn.: diacritic.

dialog box *N*
fenêtre de dialogue
Var.: dialogue box.

dictionary (1) *N*
dictionnaire (d'un correcteur orthographique)
Syn.: spelling dictionary.

dictionary (2) *N*
Syn.: exception word dictionary.

dictionary stack *N*
pile des dictionnaires

Didot point *N*
point Didot
  One Didot point = *0.3759 mm;*
  one cicero = *12* Didot points.

diesis *N*
  Syn.: double dagger.

differential letterspacing *N*
espacement différentiel
  Syn.: proportional spacing.

digital assembly line *N*
chaîne de montage numérique

digital image processing *N*
  Syn.: image processing.

digital image scanner *N*
numériseur d'images

digital optical disk *N*
  Syn.: optical digital disk.

digital picture *N*
image numérique

digital plotter *N*
traceur numérique

digital proofing *N*
traitement numérique d'épreuve

digital scanner *N*
scanner numérique

digital type *N*
  Syn.: digitized type.
  Cf. digital typesetting.

digital typesetting *N*
composition numérique

digitalized picture *N*
  Syn.: digitized picture.

digitize *V*
numériser

digitized character *N*
  Syn.: digitized type.

digitized font *N*
police de caractères numérisée
  Var.: digitized fount.

digitized halftone *N*
similigravure numérisée

digitized picture *N*
image numérisée
  Syn.: digitalized picture.

digitized type *N*
caractère numérisé
  Syn.: digital type; digitized
  character.

digitized typesetter *N*
composeuse numérique

digitizer *N*
numériseur (1)

digitizing *N*
numérisation

digitizing cursor *N*
curseur numériseur

dingbat *N*
signe spécial
  Quasi-syn.: ornament.
  Hyperon.: pi character.

diode laser *N*
laser à diode

**direct digital color
proofer** *N*
système électrographique
d'épreuves couleur
  Abbr.: D.D.C.P.
  Var.: direct digital colour proofer.

**direct entry
phototypesetter** *N*
photocomposeuse à accès direct

direct thermal printer *N*
  Syn.: thermal printer.

direct-entry typesetter *N*
composeuse à accès direct
  Syn.: direct-input typesetter.
  Ant.: front-end system.

direct-input typesetter *N*
  Syn.: direct-entry typesetter.

directed-beam scan *N*
balayage cavalier

directory *N*
répertoire

discontinuous line *N*
Syn.: broken line.

discretionary hyphen *N*
trait d'union conditionnel
Syn.: ghost hyphen; soft hyphen.

discretionary hyphenation *N*
césure préférentielle

display attribute *N*
attribut de visualisation

display buffer memory *N*
mémoire tampon d'affichage

display column *N*
colonne d'affichage
Syn.: addressable vertical point.

display element *N*
Syn.: graphic(al) primitive.

display face *N*
Syn.: display type.

display group *N*
groupe graphique

display highlighting *N*
mise en valeur d'une zone d'écran

display matter *N*
titraille

display memory *N*
mémoire d'affichage

display mode *N*
mode d'affichage

display screen *N*
écran de visualisation
Syn.: screen (2).

display type *N*
caractères de titrage
Syn.: display face; display typeface;
headline face.
Parton. of titling.
Ant.: body type.

display typeface *N*
Syn.: display type.

display work *N*
composition des titres

dither(ed) pattern *N*
trame demi-ton

dithering *N*
tramage des illustrations
Syn.: raster image processing.

document assembly/merge *N*
assemblage automatique des
documents

**document content
architecture** *N*
format DCA
Abbr.: DCA.

document creation software *N*
logiciel de création de documents

**document description
language** *N*
langage DDL
Abbr.: DDL.

document format *N*
format de document

document-oriented system *N*
système de traitement par
document
Ant.: page-oriented system.

dogleg *N*
filet de conduite brisé
Syn.: bent lead line.
Hyperon.: lead line.

dot *N*
point (de conduite/de ponctuation)

dot area *N*
zone de tramage

dot chart *N*
Syn.: scatter chart.

dot gain *N*
élargissement du point

dot generator *N*
générateur de points

dot leader option for tabs *N*
création automatique de points
de conduite

dot leaders *N pl*
Syn.: leader dots.

dot matrix *N*
matrice de points
Var.: dot-matrix.

dot matrix printer *N*
imprimante matricielle
Var.: dot-matrix printer.
Syn.: dot printer; matrix printer.

dot printer *N*
Syn.: dot matrix printer.

dot-matrix character *N*
caractère à matrice de point(s)

dots per inch *N*
points au pouce
Abbr.: dpi; DPI.

double column *N*
texte sur deux colonnes
Syn.: half-measure.

double dagger *N*
croix double
Syn.: double obelisk; diesis.

double obelisk *N*
Syn.: double dagger.

double page *N*
Syn.: facing pages.

double quotes *N*
guillemets doubles

double space *N*
interligne double

double spread *N*
Var.: double-spread.
Syn.: spread.

double strike printing *N*
impression en double frappe

double truck *N*
Syn.: spread.

double underlining *N*
double soulignement

double-column printing *N*
impression sur deux colonnes

double-page spread *N*
Syn.: spread.

double-sided page *N*
recto verso (2)
Syn.: back-to-back.
Ant.: single-sided page.

downloadable font *N*
police de caractères
téléchargeable
Var.: downloadable fount.
Syn.: cartridge font.
Ant.: built-in font.

downstroke *N*
Syn.: stem.

dpi *N*
Var.: DPI.
Abbr. for dots per inch.

draft (copy) *N*
brouillon

draft mode *N*
mode brouillon

draft printing *N*
Syn.: draft quality printing.

draft quality printing *N*
impression (de) qualité brouillon
Syn.: draft printing; utility quality
printing.

draw-type graphics *N*
Syn.: vector graphics.

drawing *N*
dessin

drive *V*
piloter

drive out *N*
Syn.: space out.

drop cap *N*
Syn.: drop(ped) initial.

drop folio *N*
folio en bas de page

drop out *N*
Syn.: silhouette (halftone).

drop(ped) initial *N*
lettrine alignée en tête
Syn.: cut-in initial; drop cap; hung
    initial; initial down; sunken
    initial .
Hyperon.: initial letter.
Ant.: raised initial.

drop shadow *N*
ombre portée

dropout *N*
Abbr. for dropout halftone.

dropout halftone *N*
simili à hautes lumières
Abbr.: dropout.
Syn.: blowout; outlined cut.
Quasi-syn.: highlight halftone.

DTP *N*
Abbr. for Desktop Publishing.

dummy *N*
maquette (de présentation)
Syn.: mechanical dummy; mock-up;
    printing dummy.

duotone *N*
simili deux tons

duplex *N*
prise de vue duplex

duplex(ed) font *N*
police duplexée
Ant.: multiplex(ed) font.

duplication *N*
duplication

dynamic balance *N*
Syn.: asymmetrical layout.
Ant.: formal balance.

dynamic data exchange *N*
format DDE
Abbr.: DDE.

E

ear *N*
oreille
Quasi-syn.: neb; nib.

ECS *N*
Abbr. for Extended Character Set.

edit *V*
réviser

edit menu *N*
menu d'édition

editing *N*
révision
Syn.: copy editing.

editing feature *N*
fonction (de) mise en forme

editing system *N*
Syn.: text editor.

editor (program) *N*
Syn.: text editor.

editorial process(ing) *N*
traitement rédactionnel

editorial system *N*
système rédactionnel

EGA *N*
Abbr. for Enhanced Graphics
    Adapter.

Egyptian *N pr*
Égyptiennes
Syn.: square serif.

Egyptian Slabserifs *N pr*
Mécanes

**electronic composition
system** *N*
système de composition
électronique

electronic document *N*
document électronique

electronic imaging *N*
imagerie électronique

electronic imaging system *N*
système d'imagerie électronique

electronic page make-up *N*
Syn.: electronic pasteup.

electronic paintbrush *N*
pinceau électronique

electronic pasteup *N*
mise en pages électronique
Var.: electronic paste-up.
Syn.: electronic page make-up.

electronic pencil *N*
crayon électronique

electronic printer *N*
imprimante électronique

electronic publishing *N*
édition électronique
Syn.: computer-aided publishing.

**electronic publishing
system** *N*
système d'édition électronique
Abbr.: EPS.

electronic scanning *N*
Syn.: scanning.

electronic spreadsheet *N*
Var.: electronic spread sheet.
Syn.: spreadsheet.

electrophotography *N*
électrophotographie

electrostatic printer *N*
imprimante électrostatique
Syn.: xerographic printer.

electrostatic printing *N*
impression électrostatique
Syn.: electrostatic process.

electrostatic process *N*
procédé électrostatique
Syn.: electrostatic printing;
electrostatography; xerography.

electrostatography *N*
Syn.: electrostatic process.

elite type *N*
Ant.: pica type.

ellipses *N pl*
trois points de suspension

Elzevir *N pr*
Elzévir

em *N*
cadratin
Syn.: em quad; em quadrat; em
space; mutt; mutton; mutton
quad; quad (1); quadrat.

em dash *N*
tiret cadratin
Syn.: dash; dash rule; em rule; long
hyphen.

em quad *N*
Syn.: em.

em quadrat *N*
Syn.: em.

em rule *N*
Syn.: em dash.

em space *N*
Syn.: em.

embed *V*
enchâsser

embedded code *N*
code intégré
Var.: imbedded code.

embedded command *N*
commande intercalaire
Var.: imbedded command.

embossing (1) *N*
gaufrage
Quasi-syn.: (die) stamping; relief
printing.

embossing (2) N
gaufrure

en N
demi-cadratin
   Syn.: en quad; en quadrat; en space;
      half-quad; n-quadrat; nut; nut
      quad.

en dash N
tiret sur demi-cadratin
   Quasi-syn.: en rule.

en quad N
   Syn.: en.

en quadrat N
   Var.: en-quadrat.
   Syn.: en.

en space N
   Syn.: en.

enclosure N
clôture

end of line N
fin de ligne

(end of line) break N
   Syn.: hyphenation.

end-of-line decisions N
décisions de fin de ligne

end-of-page stop N
arrêt en fin de page

endmatter N
   Var.: end matter.
   Syn.: backmatter.

endnote N
note de fin de document
   Ant.: footnote.

endofline break N
   Syn.: hyphenation.

engraver's proof N
épreuve de photograveur

enhanced graphics adapter N
adaptateur d'amélioration de
graphiques
   Abbr.: EGA.

enlarge V
   Syn.: blow up.

enter key N
   Syn.: carriage return key.

entry options N pl
options

EPS N
   Abbr. for Electronic Publishing
      System.

equation editor N
gestion des équations

erase V
effacer (des données)
   Syn.: delete.

erase (feature) N
effacement (fonction d')
   Syn.: delete (capability).

escapement N
approche
   Syn.: fit.
   Quasi-syn.: side bearings.

escapement value N
valeur d'approche

etch proof N
   Syn.: reproduction proof.

even page N
   Syn.: verso.

exception dictionary N
   Syn.: exception word dictionary.

exception word dictionary N
répertoire syllabique
   Var.: exception-word dictionary.
   Syn.: dictionary (2); exception
      dictionary.

exceptional word N
mot exceptionnel
   Cf. exception dictionary.

expanded character N
   Syn.: expanded type.

expanded (font/style/type) A
large (caractère)
   Syn.: extended; wide.
   Ant.: condensed type; compressed
      type.

expanding (of characters) *N*
élargissement (des caractères)
Ant.: condensing (of characters).

explode a pie slice *V*
éclater un secteur

exploded view *N*
éclaté
Syn.: illustrated parts breakdown;
provisioning parts breakdown.
Ant.: assembled view.

export *V*
exporter

extended (character) *A*
Syn.: expanded (type).

extended character set *N*
jeu étendu de caractères
Abbr.: ECS.

extended characters *N*
caractères supplémentaires

extended type *N*
Syn.: expanded (font/style/type).

extra bold *A*
Var.: extra-bold.
Syn.: heavy.

extra light *A*
très fin
Ant.: thin (< extra light) < light <
book < medium < demi bold <
bold < heavy < ultra < black
[type weights].

extra-black *A*
très noir

extra-condensed *A*
très étroit (caractère)

extra-expanded *A*
extra-large

F

face *N*
Syn.: typeface (1).

facing pages *N pl*
pages en regard
Syn.: double page; opening; spread.

fade-out *N*
Syn.: ghosting.

false title *N*
Syn.: half title.

family *N*
Syn.: typeface (1).
Cf. type style.

fast forward *N*
avance rapide

faster (printing) *A*
qualité normale (d'impression)

feathering *[U.S.]* *N*
Syn.: carding.
Hyperon.: vertical justification.

feature extraction *N*
extraction de traits

field *N*
rubrique

figure (1) *N*
chiffre

figure (2) *N*
Syn.: reference mark.

figure (3) *N*
figure

figure number *N*
numéro de figure

figure space *N*
espace chiffre

figure title *N*
titre de l'illustration
Quasi-syn.: legend.

file *N*
fichier

fill (1) *V*
remplir

fill (2) N
remplissage
Syn.: filling.

fill area N
surface de remplissage

fill pattern N
motif de remplissage
Syn.: fill-in pattern; pattern; shading
pattern; texture.

fill-in pattern N
Syn.: fill pattern.

filled A
tramé

filler N
bouche-trou

filling N
Syn.: fill (2).

film imagesetter N
composeuse avec sortie sur film

film output N
sortie sur film
Syn.: photomedia output.

film processing N
traitement de film

final copy N
exemplaire définitif

final proof N
épreuve conforme
Quasi-syn.: page proof; press proof.

fine-face rule N
filet maigre
Var.: fine face rule.
Quasi-syn.: hairline rule.

first line indent N
retrait de première ligne

fit N
Syn.: escapement.
Hypon.: loose fit; tight fit.

five-em space N
Syn.: hair space.

five-to-the-em space N
Syn.: hair space.

fixed format N
format fixe

fixed space N
espace fixe

fixed spacing N
espacement fixe

flag (1) N
Syn.: logotype.
Ant.: masthead.

flag (2) N
Syn.: banner.

flat N
montage

flat pull N
Syn.: rough proof.

flatbed N
feuille fixe

flatbed laser scanner N
scanner laser à plat

flatbed laser scanning N
balayage laser à plat

flatbed scanner N
scanner à plat
Var.: flat-bed scanner.

floating accent N
accent flottant
Quasi-syn.: loose accent; piece accent.

floating-point N
virgule flottante

flop V
tourner une image

flowers N pl
fleurons
Syn.: vignette.

flush A
au fer
Syn.: quad (2).
Quasi-syn.: set flush; without
indention.

flush and hang V
composer en débord

flush center A
Syn.: centered.

flush left A
au fer à gauche
Syn.: align left; left justified; quad
left; set to left.
Quasi-syn.: ragged right.
Ant.: flush right; right-justified.

flush left and right A
Syn.: full measure.

flush left (feature) N
alignement à gauche (fonction d')
Syn.: left justification.

flush paragraph N
alinéa à fleur de marge

flush right A
au fer à droite
Syn.: align right; quad right; right-
justified.
Quasi-syn.: ragged left.
Ant.: flush left; left-justified.

flush right (feature) N
alignement à droite (fonction d')
Syn.: right justification.

flush-and-hang indention N
Syn.: hanging indent.

fly title N
Syn.: half title.

flying spot scanner N
scanner à spot mobile
Hyperon.: scanner.

flying-spot scan N
balayage au vol

folding N
pliage
Quasi-syn.: fold.

foliate V
folioter

foliation N
foliotage

folio N
folio
Syn.: page number.

folio line N
Syn.: running head.

font N
police (de caractères)
Var.: (character) fount. [G.-B.]
Syn.: (character) font; typeface (1);
type font.
Quasi-syn.: bill of fount; bill of type;
character font; fount list; fount
synopsis.

font cartridge N
cartouche de polices de caractères
Var.: fount cartridge.

font disk N
disque de caractères

font editor N
éditeur de polices

font library N
typothèque
Var.: fount library.
Syn.: type library.

font set N
jeu de fontes

font size N
Syn.: body size.

foot margin N
marge de pied
Syn.: bottom margin.
Ant.: head margin.

foot (of a character) N
pied (d'un caractère)
Quasi-syn.: base.

footer N
pied de page
Syn.: running foot; running footer.
Hypon.: automatic footers; automatic
headers/footers; headers/footers.

footline N
ligne de pied
Var.: foot line; foot-line.
Syn.: signature line; bottom line.

footnote callout *N*
appel de note de bas de page

footnote feature *N*
fonction de notes de bas de page
   Syn.: footnoting capability.

footnote numbering *N*
numérotation automatique de
notes (de bas de page)

footnote (reference) *N*
note en bas de page
   Var.: foot note; foot-note.
   Syn.: bottom note.
   Ant.: endnote.

footnote renumbering *N*
renumérotation automatique de
notes (de bas de page)

footnote tie-in *N*
rattachement des notes en bas de
page
   Hypon.: automatic footnote tie-in.

footnoting capability *N*
   Syn.: footnote feature.

force-justify code *N*
code de justification forcée

forced justification *N*
justification forcée

fore-edge margin *N*
   Var.: fore edge margin.
   Syn.: outside margin.
   Ant.: back margin.

form generator *N*
générateur de formulaires

formal balance *N*
   Syn.: symmetrical layout.
   Ant.: dynamic balance.

format (1) *N*
format

format (2) *V*
mettre en pages (un texte)

format (3) *N*
   Syn.: format codes.

format bar *N*
   Syn.: format line.

format codes *N pl*
codes de formatage
   Syn.: format (3).

format display *N*
affichage des paramètres de
présentation

format line *N*
ligne des paramètres de
disposition
   Syn.: format bar.

format list *N*
   Syn.: format menu.

format menu *N*
menu des paramètres de
disposition
   Syn.: format list.

format statement *N*
instruction de formatage

formatting *N*
mise en forme

formatting code *N*
code de formatage

formatting command *N*
commande de mise en pages

formatting feature *N*
fonction (de) mise en pages

forms creation *N*
création de formulaires

forms filling *N*
inscription de données (sur un
formulaire)
   Syn.: forms input.

forms input *N*
   Syn.: forms filling.

forms overlay *N*
cadre en surimpression
   Syn.: forms slide.

forms slide *N*
   Syn.: forms overlay.

forward sort *N*
Syn.: sort in ascending order.

foul proof *N*
Syn.: rough proof.

four-color printing *N*
Syn.: four-color process printing.

four-color process *N*
Syn.: four-color process printing.

four-color process printing *N*
quadrichromie
Var.: four-colour process printing.
Syn.: four-color printing; four-color
   process; process(-color) printing.
Cf. color separation.

four-color separation *N*
séparation quadrichromatique
Var.: four-color separations.

four-em space *N*
Syn.: thin space.

four-to-the-em space *N*
Syn.: thin space.

fourth-generation typesetter *N*
composeuse de quatrième
génération

fraction *N*
fraction
Hypon.: built-up fraction; case
   fraction; piece fraction; shilling
   fraction.

Fraktur *N pr*
Fracture

frame *N*
cadre
Syn.: block (2); border (frame);
   box (2).

frame handle *N*
carré de recadrage

frame mode *N*
mode cadre
Syn.: framing mode.

frame-grabbing *N*
Syn.: video-grabbing.

framing *N*
encadrement

framing mode *N*
Syn.: frame mode.

free-form drawing *N*
Syn.: freestyle drawing.

freehand drawing *N*
dessin à main levée

freestyle drawing *N*
dessin libre
Syn.: free-form drawing.

front margin *N*
Syn.: outside margin.

front matter *N*
liminaires (pages/feuillets/pièces)
Var.: frontmatter.
Syn.: preliminaries; preliminary
   matter/pages.
Parton.: abstract; acknowledgment;
   copyright; dedication; foreword;
   frontispiece; half-title page;
   introduction; preface; table of
   contents; table of illustrations;
   table of tables; title page.
Ant.: backmatter.

front-end system *N*
système frontal
Ant.: direct-entry typesetter.

full bleed *N*
Syn.: bleed (illustration).

full box *N*
Syn.: size box.

full color printing *N*
polychromie
Var.: full-colour printing.

full counter *N*
Syn.: void.
Parton. of counter (1).

full flush (composition) *A*
en pavé (composition)

full justification *N*
justification totale

full line *N*
Syn.: full measure.

full measure *N*
pleine justification
Syn.: flush left and right; full line.
Ant.: narrow measure.

full measure left *A*
justifié à gauche

full title *N*
grand titre

full-page display *N*
écran pleine page

function key *N*
Syn.: control key (1).

G

galley *N*
placard
Syn.: slip.
Cf. galley proof.

galley composition *N*
composition en placards

galley proof *N*
épreuve en placard
Syn.: marked proof; slip proof.

gamma curve *N*
courbe gamma

Gantt chart *N*
diagramme de Gantt
Quasi-syn.: job progress chart.
Hyperon.: control chart.

Garamond *N*
garamond

GDC *N*
Abbr. for Graphics Display
Controller.

generic filter *N*
filtre générique

generic font *N*
Syn.: screen font.

Geneva *N pr*
Geneva

(geometric) transformation *N*
transformation (géométrique)

ghost cursor *N*
curseur repère
Syn.: scale cursor; shadow cursor.

ghost hyphen *N*
Syn.: discretionary hyphen.

ghosting *N*
impression fantôme
Syn.: fade-out.

global (operation) *A*
globale (opération)

global search *N*
recherche globale
Cf. global search-and-replace; global
substitution.

global search and replace *N*
recherche et remplacement
globaux
Syn.: global substitution.

global substitution *N*
substitution dans tout le
document
Syn.: global search and replace.

glossary *N*
glossaire
Syn.: term dictionary.

glossary function *N*
fonction glossaire

Gothic *N pr*
Gothique

gothic face *N*
caractère gothique
Syn.: black letter; gothic type.

gothic type *N*
Syn.: gothic face.

Goudy *N pr*
Goudy

Gouraud shading *N*
modèle (d'illumination) de
Gouraud
Syn.: intensity interpolation shading.
Hyperon.: shading model.

grabber hand *N*
outil de déplacement
Syn.: hand tool.

grammar checker *N*
correcteur syntaxique

graph (1) *N*
Syn.: chart.

graph (2) *N*
Abbr. for paragraph.

graphic *A*
graphique

graphic(al) primitive *N*
primitive graphique
Syn.: display element; output
primitive.

graphic character *N*
Var.: graphics character.

graphic data processing *N*
Syn.: computer graphics.

graphic editor *N*
éditeur graphique

graphic(s) input device *N*
dispositif d'entrée graphique
Syn.: graphical input device.

graphic(s) mode *N*
mode graphique

graphic(s) standard *N*
norme graphique

graphic style sheet *N*
feuille de style graphique

graphic terminal *N*
Syn.: graphics workstation.

graphical input device *N*
Syn.: graphic(s) input device.

graphics application *N*
application graphique

graphics board *N*
carte graphique

graphics (capability) *N*
fonction(s) graphique(s)

graphics character *N*
caractère graphique
Var.: graphic character.
Syn.: printable character.

graphics controller *N*
Syn.: graphics display controller.

graphics data base *N*
base de données graphiques

graphics display controller *N*
contrôleur graphique
Abbr.: GDC.
Syn.: graphics controller.

graphics file *N*
fichier graphique

graphics interface *N*
interface graphique

graphics model *N*
modèle graphique

graphics package *N*
progiciel graphique

graphics processor *N*
processeur graphique

graphics resolution *N*
définition graphique

graphics screen *N*
écran graphique

graphics segment *N*
segment graphique

graphics software *N*
graphiciel

graphics system *N*
système graphique

graphics tablet *N*
tablette graphique
Syn.: tablet.

graphics user-friendliness N
convivialité graphique

graphics workstation N
poste de travail graphique
Syn.: graphic terminal.

graphics-mouse interface N
interface graphique-souris

graphics-oriented language N
langage orienté graphique

gray balance N
équilibre des gris

gray fill pattern N
remplissage en grisé

gray level N
Syn.: gray scale.

gray scale *[U. S.]* N
échelle de(s) gris
Var.: grayscale; grey scale [G.B.] ;
gray-scale.
Syn.: gray level; step wedge.

Greek text N
texte symbolisé

greeking N
symbolisation

grey scale *[G.B.]* N
Var.: gray scale [U. S.].

grey-scale correction N
correction d'échelle de gris

grid constraint N
Syn.: snap-to.

grid pattern N
quadrillage

grid points N *pl*
points d'attraction

grid(s) N
gabarit

grid snap N
Syn.: snap-to.

grotesque (type) N
antique
Quasi-syn.: sans-serif.

guide mark N
repère de calage

gutter (1) N
gouttière (1)

gutter (2) N
blanc intercolonnes
Syn.: alley.

gutter (3) N
blanc vertical
Quasi-syn.: (gutter) gap; river.

gutter margin N
marge interne
Syn.: back margin.

H

H & J N
Var.: h&j; H&J.
Abbr. for **Hyphenation and**
Justification.

H-zone N
Abbr. for **Hyphenation zone.**

hair space N
espace fine (1)
Var.: hairspace.
Syn.: copper space; five-em space;
five-to-the-em space.

hair space V
espacer (en espaces fines)

hairline N
Var.: hair line; hair-line.
Syn.: thin stroke.

hairline register N
repérage précis
Syn.: close register; tight register.

hairline rule N
filet ultra-maigre
Quasi-syn.: fine-face rule.

hairline serif *N*
empattement filiforme
> *Var.:* hair-line serif.

half line *N*
trait tramé
> *Syn.:* half-line drawing.

half tint *N*
> *Syn.:* half tone.

half title *N*
faux titre
> *Var.:* half-title.
> *Syn.:* bastard title; false title; fly
> title; mock title; short title.

half tone *N*
demi-teinte
> *Syn.:* half tint.

half toning *N*
création de grisés
> *Var.:* halftoning.

half-line drawing *N*
> *Syn.:* half line.

half-measure *N*
> *Syn.:* double column.

half-quad *N*
> *Syn.:* en.

halftone *N*
similigravure
> *Ant.:* line art (1).

halftone cell *N*
cellule de simili

halftone dots *N*
points de trame

halftone screen *N*
trame de similigravure
> *Syn.:* square ruled screen.
> *Quasi-syn.:* crossline screen.

Hand Drawintypes *N pr*
Manuaires

hand scanner *N*
> *Syn.:* handheld scanner.

hand tool *N*
> *Syn.:* grabber hand.

handheld scanner *N*
lecteur portatif
> *Syn.:* hand scanner.

handle *N*
poignée

hanging figure *N*
> *Syn.:* old style figure.
> *Ant.:* lining figure.

hanging indent *N*
composition en sommaire
> *Syn.:* flush-and-hang indention;
> hanging indention; outdent;
> reverse indention.
> *Quasi-syn.:* hanging paragraph.

hanging indention *N*
> *Syn.:* hanging indent.

hanging paragraph *N*
paragraphe en sommaire

hanging punctuation *N*
ponctuation marginale

hanging shoulder note *N*
note marginale (2)

hard (carriage) return *N*
retour requis
> *Hyperon.:* carriage return.
> *Ant.:* soft carriage return.

hard copy *N*
copie permanente
> *Var.:* hardcopy.
> *Hypon.:* printout.
> *Ant.:* soft copy.

hard hyphen *N*
trait d'union fixe
> *Syn.:* nonbreaking hyphen.

hard page break *N*
coupure de page à la demande
> *Hyperon.:* page break.
> *Ant.:* soft page break.

hatching *N*
hachure

head *N*
titre (2)
> *Syn.:* heading (1); page-content
> heading.

head margin N
marge de tête
Syn.: top margin.
Ant.: foot margin.

head-to-foot arrangement N
présentation tête-bêche
Ant.: head-to-head arrangement

head-to-head arrangement N
présentation tête-à-tête
Ant.: head-to-foot arrangement

headband N
bandeau

header N
en-tête
Syn.: running head.

headers/footers N pl
en-têtes et bas de page
Var.: headers and footers.
Syn.: running heads and feet.
Hypon.: automatic headers/footers.

heading (1) N
Syn.: head.

heading (2) N
chapeau
Quasi-syn.: headline.

headline N
manchette
Quasi-syn.: heading (2).
Hypon.: banner.

headline face N
Syn.: display type.

headnote N
note de tête de chapitre/de
paragraphe

heat transfer printer N
Syn.: thermal transfer printer.

heavy (character) A
extra-gras (caractère)
Syn.: extra-bold.

height N
Syn.: depth.

Helvetica N pr
Helvetica

hidden line N
ligne cachée

hidden surface N
partie cachée

hidden text N
texte caché

hidden-line removal N
élimination de lignes cachées
Var.: hidden line removal.

hidden-surface removal N
élimination de parties cachées

high quality printing N
impression haute qualité

high resolution N
haute définition
Var.: high-resolution.
Ant.: low resolution.

high-low chart N
graphique minima-maxima
Syn.: high-low graph; minimum-
maximum chart; range-column
chart.
Hyperon.: chart.

high-low graph N
Syn.: high-low chart.

high-resolution graphics N
graphisme de haute définition
Ant.: low-resolution graphics.

high-resolution image N
image à haute définition

high-resolution screen N
écran à haute définition

highlight N
blanc(s) pur(s)
Var.: high light.
Ant.: middle tones; shadow(s) (2).

highlight halftone N
simili à blancs purs
Var.: highlight half-tone; high-light
halftone.
Syn.: deep-etched halftone.

HIS values *N*
valeurs TDL
Syn.: HLS values.

histogram *N*
histogramme
Cf. bar chart.

HLS color model *N*
modèle HLS
Var.: HLS colour model.
Abbr. for Hue, Lightness,
Saturation color model.

HLS values *N*
Syn.: HIS values.

home key *N*
touche de retour à la position
initiale

home position *N*
position initiale

homogeneous coordinates *N pl*
coordonnées homogènes

horizontal justification *N*
justification horizontale

horizontal offset *N*
déplacement horizontal

horizontal page *N*
Syn.: broadside (2).

horizontal screen *N*
écran horizontal

hot zone *N*
zone de coupure automatique
Syn.: hyphenation zone; hyphenation
hot zone; line-ending zone; line-
end zone.

hue *N*
teinte

hung initial *N*
Syn.: drop(ped) initial.
Hyperon.: initial letter.

hyphen *N*
trait d'union
Quasi-syn.: dash.
Hypon.: hard hyphen; soft hyphen.

hyphen drop *N*
abandon de trait d'union

hyphen leaders *N pl*
Syn.: dash leaders.

hyphenate *V*
mettre un trait d'union

hyphenation *N*
césure
Syn.: (end of line) break; endofline
break.

hyphenation algorithm *N*
algorithme de coupure automatique

**hyphenation and
justification** *N*
césure et justification
Abbr.: H & J.

hyphenation hot zone *N*
Syn.: hot zone.

hyphenation option *N*
mode de coupure des mots

hyphenation routine *N*
programme de coupure de mots

hyphenation zone *N*
zone d'ajustement
Syn.: hot zone.

I

icon-driven *A*
géré par icônes

idiot tape *N*
bande au kilomètre (non justifiée)

illustrated parts breakdown *N*
Syn.: exploded view.

illustration *N*
Syn.: art.

image *N*
image (1)

image area *N*
dimension de l'illustration

image block *N*
bloc image

image file *N*
fichier images

image library *N*
bibliothèque d'illustrations

image processing *N*
traitement de l'image
  Syn.: digital image processing.

image scanner *N*
  Syn.: scanner.

imagesetter *N*
  Syn.: typesetting machine.

imaging *N*
génération d'images de caractères

imbedded code *N*
  Var.: embedded code

imbedded command *N*
  Var.: embedded command.

impact printer *N*
imprimante à impact

import *V*
importer

imposition *N*
imposition
  Syn.: page imposing.
  Quasi-syn.: page makeup.

in-house publishing *N*
édition maison

Incised Latin *N pr*
Incises

indent (1) *N*
alinéa
  Syn.: indentation; indention.
  Ant.: outdent.

indent (2) *V*
renfoncer (une ligne/un bloc de
texte)

indent composition *N*
composition en alinéa

indentation *N*
  Syn.: indent (1).

indented *A*
rentré

indention *N*
rentrée
  Syn.: indent (1).

index *N*
index

index feature *N*
  Syn.: automatic index generation.

inferior character *N*
  Syn.: subscript.
  Ant.: superior character.

inferior figure *N*
chiffre en indice
  Hyperon.: inferior character.

inflection point *N*
point de tangente

information processing *N*
traitement de l'information
  Quasi-syn.: (automatic) data
    processing.

initial *N*
  Syn.: initial letter.

initial down *N*
  Syn.: drop(ped) initial.
  Ant.: initial up.
  Hyperon.: initial letter.

initial letter *N*
lettrine
  Syn.: initial.

initial up *N*
  Syn.: raised initial.
  Hyperon.: initial letter.
  Ant.: initial down.

inking *N*
encrage

inkjet printer *N*
imprimante à jet d'encre
  Var.: ink jet printer; ink-jet printer.

inner margin *N*
  Var.: innermargin.
  Syn.: back margin.

input scanner *N*
scanner d'entrée

input station *N*
poste de saisie

input video camera *N*
  Syn.: video camera.

insert (1) *V*
insérer

insert (2) *N*
insertion
  Syn.: insertion.

insert line *N*
insertion de ligne

insert mode *N*
mode (d')insertion

insertion *N*
  Syn.: insert (2).

insertion mark *N*
  Syn.: reference mark.

insertion point *N*
point d'insertion

inside margin *N*
  Syn.: back margin.
  Ant.: outside margin.

integrated system *N*
système intégré

intensity *N*
  Syn.: brightness.

**intensity interpolation
shading** *N*
  Syn.: Gouraud shading.

**interactive composition
system** *N*
système de composition interactif

**interactive computer
graphics** *N*
infographie interactive
  Syn.: interactive graphics.
  Ant.: passive graphics.

interactive graphics *N*
  Syn.: interactive computer graphics.

interactive pagination *N*
pagination interactive

intercharacter spacing *N*
  Syn.: letterspacing.

interlaced display *N*
affichage entrelacé

interlaced scan *N*
balayage entrelacé

interletter spacing *N*
  Syn.: letterspacing.

interline spacing *N*
  Var.: inter-line spacing.
  Syn.: line spacing.

interpreter *N*
interpréteur

interword space *N*
espace intermots
  Syn.: spaceband; word space.

interword spacing *N*
espacement intermots
  Syn.: word spacing.

invert *V*
  Syn.: reverse.

ionized argon laser scanner *N*
  Syn.: argon-ion laser scanner.

italic (type (face)) *A*
italique (caractère)
  Hyperon.: typeface; type style.
  Ant.: roman.

item selector (dialog) box *N*
sélecteur d'éléments

J

jagged (lines and edges) *A*
Syn.: aliasing.

jaggies *N pl*
Syn.: aliasing.

job progress chart *N*
Cf. Gantt chart.

jump head *N*
titre de tourne

jump line *N*
mention de tourne
Syn.: continued line.

justification *N*
justification (2)
Hypon.: automatic justification.

justification display *N*
affichage en justifié

justification range *N*
fourchette de justification

justified composition *N*
composition justifiée
Syn.: adjusted setting.
Quasi-syn.: justified typesetting.
Ant.: unadjusted composition;
unjustified setting.

justified printing *N*
impression en justifié

justified (text/type) *A*
justifié (texte)
Hypon.: left justified; right justified.

justify *V*
justifier

K

kern *N*
saillie

kern *V*
créner

kern pair *N*
Syn.: kerning pair.

kerning *N*
crénage
Syn.: white space reduction.
Ant.: letterspacing
Hyperon.: tracking.

kerning pair *N*
paire de crénage
Syn.: kern pair.

key line *N*
filet technique
Var.: keyline.

key word *N*
mot clé
Syn.: descriptor.

kicker *N*
surtitre
Hyperon.: headline.

killed matter *N*
Syn.: dead matter.

L

label *N*
étiquette

labelling graphics *V*
appliquer des légendes

ladder *N*
échelle

LAN *N*
Abbr. for Local Area Network.

**landscape (format/printing/
orientation/page)** *N*
à l'italienne (format/impression/
orientation/page)
Syn.: wide orientation.
Ant.: portrait format.

LASER *N*
laser
Var.: laser.
Abbr. for Light Amplification by
Stimulated Emission of
Radiation.

laser imagesetting N
composition laser
Syn.: laser typesetting.

laser platemaking N
copie au laser

laser printer N
imprimante à laser

laser printing N
impression au laser

laser scanner N
scanner laser

laser typesetter N
composeuse au laser

laser typesetting N
Syn.: laser imagesetting.

latent image N
image latente
Cf. electrostatic process.

layout (1) N
maquette d'exécution
Var.: lay out; lay-out.
Syn.: page layout.
Quasi-syn.: page makeup; page setting; paging.

layout (2) V
maquetter

layout design station N
poste de mise en pages
Syn.: layout workstation.

layout grid N
grille de mise en pages

layout software N
Syn.: page makeup program.

layout workstation N
Syn.: layout design station.

LCD N
Abbr. for Liquid Crystal Display.

lead N
Pronounced as the name of the metal.
Syn.: line spacing.

lead line N
filet de conduite
Hypon.: dogleg.

lead out V
interligner

leaded matter N
composition interlignée

leader characters N pl
Syn.: leaders.

leader dots N pl
points de conduite

leader(s) N
ligne de conduite
Syn.: leader characters.
Hypon.: dash leaders; dot leaders; hyphen leaders; leader dots.

leading N
Pronounced "ledding".
Syn.: line spacing.

leading slug N
Syn.: slug.

leaf N
feuillet
Syn.: sheet.
Ant.: page.

left justification N
Syn.: flush left feature.

left justified A
cadré à gauche
Var.: left-justified.
Syn.: flush left.
Quasi-syn.: ragged right.

left margin N
marge de gauche
Syn.: left-hand margin.

left page shift N
renfoncement automatique pour impression recto-verso

left-hand margin N
Syn.: left margin.
Ant.: right-hand margin.

left-hand page *N*
page de gauche
Ant.: right-hand page.

legal (size) *N*
légal (format)

legend *N*
légende (1)
Syn.: underline (3).

legibility *N*
lisibilité
Syn.: readibility.

letter quality printing *N*
impression qualité courrier
Abbr.: LQP (1).
Syn.: correspondence quality
printing; typewriter quality
printing.

letter (size) *N*
format lettre

letter-quality printer *N*
imprimante (de) qualité courrier
Abbr.: LQP (2).
Var.: letter quality printer.

letterform *N*
dessin de lettre

letterspacing *N*
interlettrage
Var.: letter spacing.
Usually assumed to be positive
(adding space) unless otherwise
noted. Negative letterspacing is
usually called kerning.
Syn.: character spacing;
intercharacter spacing;
interletter spacing.
Ant.: kerning.
Hyperon.: tracking.

library *N*
bibliothèque

ligature(s) *N (pl)*
ligature
Syn.: quaint character.

light *A*
maigre
Syn.: lightface.
Ant.: thin < extra light (< light) <
book < medium < demi bold <
bold < heavy < ultra < black
[type weights].

light pen *N*
crayon optique

lightface (character) *A*
Var.: light face.
Syn.: light.

lightness *N*
Syn.: brightness.

line art (1) *N*
dessin par ligne
Var.: line-art.
Ant.: continuous tone; halftone.

line art (2) *N*
images par vecteurs

line break *N*
rupture de ligne
Quasi-syn.: carriage return.

line chart *N*
graphique linéaire
Syn.: line graph; linear graph.

line copy *N*
document en teintes discontinues
Ant.: continuous-tone copy.

line drawing *N*
dessin au trait

line feed *N*
ligne suivante

line format *N*
format de ligne

line graph *N*
Syn.: line chart.

line justification *N*
justification des lignes

line length *N*
longueur de ligne

line numbering *N*
numérotation des lignes
Hypon.: automatic line numbering.

line printer *N*
imprimante par ligne

line screen *N*
trame à lignes
Cf. halftone.

line space *N*
interligne

line spacing *N*
interlignage
Var.: linespacing.
Syn.: interline spacing; lead; leading;
vertical spacing.
Hypon.: automatic line spacing; line
spacing feature.

line spacing display *N*
affichage de l'interlignage
Cf. line spacing.

line spacing feature *N*
Syn.: automatic line spacing.
Hyperon.: line spacing.

line-art file *N*
Syn.: object-oriented file.

line-drawing font *N*
police de traits
Var.: line-drawing fount.

line-end zone *N*
zone de fin de ligne
Syn.: hot zone.

line-ending adjustment *N*
ajustement de fin de ligne

line-ending zone *N*
Syn.: hot zone.

linear graph *N*
Syn.: line chart.

linear graphics *N*
graphisme linéaire

lines per inch *N*
lignes au pouce

linescreen *N*
Syn.: ruling.

lining figure *N*
chiffre capitale
Syn.: aligning figure; modern figure.
Ant.: hanging figure; nonlining figure.

liquid crystal display *N*
écran à cristaux liquides
Abbr.: LCD.

list processing *N*
traitement de liste

live matter *N*
conserve
Syn.: alive matter; alive type.
Ant.: dead matter.

local area network *N*
réseau local
Abbr.: LAN.

logic hyphenation *N*
césure logique

logo *N*
logo
Quasi-syn.: logotype.

logotype *N*
logotype
Syn.: flag (1); nameplate.

long dash *N*
Syn.: em dash.

long hyphen *N*
Syn.: em dash.

loop *N*
orbe

low resolution *N*
basse définition
Ant.: high resolution.

low-resolution graphics *N*
graphisme de basse définition
Ant.: high-resolution graphics.

low-resolution image *N*
image à basse définition

lower case *N*
minuscule (caractère/lettre)
Var.: lowercase; lower-case.
Syn.: lowercase letter; minuscule.

lowercase letter *N*
Syn.: lower case.

LQP (1) *N*
Abbr. for Letter Quality Printer.

LQP (2) *N*
Abbr. for Letter Quality Printing.

M

machine pixel *N*
point imprimante

macro *N*
macro

macroinstruction *N*
macro-instruction

magenta *N*
magenta
Syn.: process red.

magnetic ink *N*
encre magnétique

magnetic ink character recognition *N*
reconnaissance des caractères à l'encre magnétique

magnetic ink characters *N pl*
caractères à l'encre magnétique

magnetic printing *N*
magnétographie

mail merge *V*
Syn.: merge.

mail merge (capability) *N*
publipostage (fonction de)
Syn.: mail merge facility; mail merging.

mail merge facility *N*
Syn.: mail merge capability.

mail merging *N*
Syn.: mail merge.

main stroke *N*
Syn.: stem.

main title *N*
frontispice

mainframe publishing system *N*
système d'édition sur ordinateur central

majuscule *N*
Syn.: uppercase.
Ant.: minuscule.

makeup *N*
Var.: make up; make-up.
Syn.: page makeup.
Cf. markup.

management graphic *N*
Syn.: business graphic.

margin *N*
marge

margin adjust *N*
ajustement des marges
Hypon.: automatic margin adjust.

margin cut *N*
petite illustration marginale
Hyperon.: marginal art.

margin display *N*
affichage des marges

marginal art *N*
illustrations marginales
Hypon.: margin cut.

marginal head *N*
titre en marge

marginal note *N*
note marginale (1)

marked block *N*
bloc marqué
Cf. block marker.

marked proof *N*
Syn.: galley proof.

markup *N*
préparation technique de la copie
Var.: mark up; mark-up.

mask *N*
masque

masking *N*
masquage

masking out *N*
Syn.: blocking out.

master *N*
maître

master page *N*
page type
Syn.: default page *[for QuarkXPress]*

masthead *N*
bloc-générique
Var.: mast head.

math capability *N*
fonction mathématique
Syn.: arithmetic capability.

math feature *N*
Syn.: arithmetic capability.

matrix format *N*
format matriciel

matrix matching *N*
concordance matricielle

matrix printer *N*
Syn.: dot matrix printer.

maximum line length *N*
longueur de ligne maximale

MDA *N*
carte MDA
Abbr. for **M**onochrome **D**isplay
Adapter.

mean line *N*
ligne des minuscules
Syn.: x-line.

measure *N*
justification (1)

measured backspace *N*
retour arrière automatique

meatball *N*
Syn.: bullet (point).

mechanical dummy *N*
Syn.: dummy.

mechanical (layout) *N*
maquette (de mise en pages)
Syn.: board; camera-ready art(work);
camera-ready copy; pasteup (2).
Cf. flat.

medium (type) *A*
normal (caractère)

mediumface (type) *A*
médium (caractère)
Var.: medium-faced (type).

menu bar *N*
barre de menu

menu-based *A*
piloté par menu
Syn.: menu-driven.

menu-driven *A*
Syn.: menu-based.

merge *V*
fusionner (des fichiers)
Syn.: create a merge; mail merge.

merge (feature) *N*
fusion (fonction de)
Syn.: merging.
Cf. document assembly/merge.

merge file *N*
fichier fusion

merging *N*
Syn.: merge.

micro-editor *N*
micro-éditeur

**microcomputer publishing
system** *N*
système d'édition sur micro-
ordinateur

micrographics *N*
micrographie

microjustification *N*
Syn.: microspacing.

microspacing *N*
microjustification
Syn.: microjustification.

middle tones *N pl*
demi-teintes
Var.: middletone.
Syn.: midtone.
Ant.: highlight; shadow(s) (2).

midtone *N*
Syn.: middle tones.

**minicomputer publishing
system** *N*
système d'édition sur mini-
ordinateur

minimum-maximum chart *N*
Syn.: high-low chart.

minus leading *N*
Syn.: minus linespacing.

minus linespacing *N*
interligne négatif
Syn.: minus leading.

minuscule *N*
Syn.: lower case.
Ant.: majuscule.

mirror-image page design *N*
composition en miroir

miter *A*
Syn.: mitered corner.

mitered corner *N*
coin en onglet
Syn.: miter.
Ant.: rounded corner; squared corner.

mixed typesetting *N*
composition lardée

mock title *N*
Syn.: half title.

mock-up *N*
Var.: mockup.
Syn.: dummy.

mode *N*
mode

modeling *N*
modélisation

Modern Face *N pr*
Didones
Var.: modern face.

modern figure *N pl*
Syn.: lining figure.

modular system *N*
système modulaire

moiré (effect) *N*
moirage (effet de)

moiré pattern *N*
moiré
Quasi-syn.: moiré.

Monaco *N pr*
Monaco

monochrome *A*
monochrome

monochrome display *N*
affichage monochrome

**monochrome display
adapter** *N*
adaptateur d'affichage monochrome
Abbr.: MDA.

monochrome laser *N*
laser monochrome

monochrome screen *N*
écran monochrome

mortise *N*
mortaise

mottle *N*
moucheture

move *V*
déplacer
Quasi-syn.: cut and paste.

multi-tasking *N*
traitement multitâche

multicolumn capability *N*
multicolonnage
Syn.: column feature.

multicolumn page display *N*
affichage en colonnes
Cf. column move/delete.

multifont reader *N*
lecteur multipolice
Var.: multifount reader.

multifunction board *N*
carte multifonction

multiple column setting *N*
mise en pages multicolonne

multiple-column format
[Word] *N*
format journal

multiplexed font *[Word]* *N*
police multiplexée
Ant.: duplex(ed) font.

multiwindow *N*
multifenêtre

multiwindowing *N*
multifenêtrage

mutt *N*
Syn.: em.

mutton *N*
Syn.: em.

mutton quad *N*
Syn.: em.

N

n-quadrat *N*
Syn.: en.

nameplate *N*
Syn.: logotype.

narrow measure *N*
petite justification
Ant.: full measure.

negative *N*
négatif

neon text *N*
néon (effet)

network-operating system *N*
système d'exploitation du réseau

networking *N*
travail en réseau

New Century Schoolbook *N pr*
New Century (Schoolbook)

new page *N*
Syn.: page break.

New York *N pr*
New York

newline mark *N*
Syn.: soft carriage return.

NIP *N*
Abbr. for Non-Impact Printing.

non-contact printing *N*
Syn.: non-impact printing.

non-destructive cursor *N*
curseur non effaçant
Ant.: destructive cursor.

non-impact printer *N*
imprimante sans impact
Var.: nonimpact printer.

non-impact printing *N*
impression sans impact
Abbr.: NIP.
Syn.: non-contact printing.

non-joining script *N*
Syn.: cursive type.

non-justified *A*
Syn.: ragged.

non-metallic composition *N*
Syn.: cold type (composition).

nonbreaking hyphen *N*
tiret insécable
Syn.: hard hyphen.

nonbreaking space *N*
espace insécable

nonlining figure *N*
Syn.: old style figure.
Ant.: lining figure.

**nonproportional
characters** *N pl*
police à chasse fixe
Ant.: proportional characters.

normal style *N*
style normal

normal view *N*
vue normale
Syn.: actual size *[in PageMaker].*
Ant.: reduced view.

normal viewing orientation *N*
orientation normale de la page

nota bene *N*
nota

Nova Gorica *N pr*
Nova Gorica

numeric character *N*
caractère numérique

nut *N*
Syn.: en.

nut quad *N*
Var.: nut-quad.
Syn.: en.

O

object-oriented *A*
Var.: object oriented.
Syn.: vector oriented.

object-oriented drawing *N*
dessin vectoriel

object-oriented file *N*
fichier vectoriel
Syn.: line-art file.
Quasi-syn.: draw-type file.
Ant.: paint file; paint-type file.

object-oriented graphics *N*
Syn.: vector graphics.

oblique (1) *N*
inclinée (lettre)

oblique (2) *N*
Syn.: slash.

OCR *N*
Abbr. for Optical Character
Recognition.

off center *A*
décentré

Old Face *N pr*
Garaldes

old style figure *N*
chiffre de l'ancien style
Syn.: hanging figure; nonlining
figure.

on-screen formatting *N*
mise en forme à l'écran

open bracket *N*
crochet ouvrant
Ant.: close bracket.

open parenthesis *N*
parenthèse ouvrante
Ant.: close parenthesis.

open quotes *N*
guillemets ouvrants
Ant.: close quotes.

open trajectory *N*
trajectoire ouverte
Ant.: closed trajectory.

opening *N*
Syn.: facing pages.

optical character reader *N*
lecteur optique de caractères
Syn.: page reader.

**optical character
recognition** N
reconnaissance optique (des
caractères)
Abbr.: OCR.

optical density N
Syn.: density (1).

optical digital disk N
disque optique numérique
Syn.: digital optical disk.

optical disk N
disque optique

optical mouse N
souris optique

optical scanner N
lecteur optique

orientation N
orientation
Syn.: page orientation.

ornament N
ornement typographique
Quasi-syn.: dingbat.

orphan N
ligne creuse (en bas de page)
Ant.: widow.

outdent N
Syn.: hanging indent.
Ant.: indent.

outer margin N
grand fond

outline (1) N
contour (2)
Syn.: character outline.

outline (2) N
plan

outline font N
fonte contour
Ant.: bit-mapped font.
Cf. outline (1).

outline halftone N
Syn.: silhouette halftone.

outline letter N
lettre en relief
Syn.: outline type.
Cf. outline (1).

outline type N
Syn.: outline letter.

outlined cut N
Syn.: dropout halftone.

outlined halftone N
Syn.: silhouette (halftone).

outliner N
gestionnaire de plan
Derived from outline (2).

outlining N
gestion hiérarchisée des titres

output N
sortie (d'ordinateur)

output a report to a printer V
imprimer un état
Syn.: produce a report to a printer.

output primitive N
Syn.: graphic(al) primitive.

outside margin N
marge extérieure
Syn.: fore-edge margin; front margin.
Ant.: inside margin.

over-hang N
porte-à-faux
Var.: overhang.

overall kerning N
Syn.: set width adjustment.

overlay N
calque
Quasi-syn.: tissue.

overline N
Syn.: caption.

overprinting N
impression en surcharge

overset N
composition en excès

overstrike (1) *N*
Syn.: strikethrough.

overstrike (2) *N*
superposition
Syn.: overtyping.

overtyping *N*
surfrappe
Syn.: overstrike (2).

P

page (1) *N*
page
Ant.: leaf; sheet.

page (2) *N*
page mémoire

page boundary *N*
marqueur de fin de page

page break *N*
saut de page
Syn.: new page.
Hypon.: automatic page break.

page composition (1) *N*
composition de page(s)
Hyperon.: composition.

page composition (2) *N*
composition par page
Ant.: area composition.
Hyperon.: composition.

page composition system *N*
système de composition de
    page(s)

page composition terminal *N*
terminal de composition de
    page(s)

page depth *N*
hauteur de page

page description language *N*
langage de description de page
Abbr.: PDL.
Var.: page-description language.

page display *N*
affichage de la page

page format *N*
format de page

page imposing *N*
Syn.: imposition.

page layout *N*
présentation des éléments
graphiques d'une page
Var.: page-layout.
Syn.: layout (1).
Cf. page makeup.

page length *N*
longueur de page

page make-up system *N*
système de montage de pages

page makeup *N*
mise en pages
Syn.: makeup.
Quasi-syn.: imposition; layout (1).

page makeup program *N*
logiciel de mise en pages
Syn.: layout software; page makeup
    software.

page makeup software *N*
Syn.: page makeup program.

page makeup terminal *N*
terminal de mise en pages

page number *N*
numéro de page
Syn.: folio.

page numbering *N*
numérotation de(s) pages
Hypon.: automatic page numbering.

page numbering style *N*
mode de numérotation (des pages)

page offset *N*
report
Syn.: print margin.

page orientation *N*
Syn.: orientation.
Hypon.: tall/portrait orientation;
    wide/landscape orientation.

page printer *N*
imprimante page

page proof *N*
épreuve en page
Quasi-syn.: final proof.

page reader *N*
Syn.: optical character reader.

page setup *N*
format d'impression

page width *N*
largeur de page

page-content heading *N*
Syn.: head.

page-oriented system *N*
système de traitement par page
Ant.: document-oriented system.

paginate *V*
paginer

pagination *N*
pagination
Hypon.: automatic pagination.

paint *V*
colorier

paint-type file *N*
Syn.: bit-map file.

Palatino *N pr*
Palatino

palette *N*
Syn.: color look-up table.

Pantone Matching System *N*
système Pantone
Var.: pantone matching system.

paper length *N*
longueur de feuille

paper size *N*
taille du papier

paragraph *N*
paragraphe

paragraph format *N*
format de paragraphe

paragraph indent *N*
renfoncement de paragraphe

paragraph mark *N*
marque de paragraphe

paragraph mode *N*
mode paragraphe

paragraph numbering *N*
numérotation de paragraphes
Hypon.: automatic paragraph
numbering.

paragraph style *N*
style de paragraphe

partial counter *N*
évidement ouvert
Syn.: counter (2).
Parton. of counter (1).

passive (computer) graphics *N*
infographie passive
Ant.: interactive graphics.

paste *V*
coller

paste link *V*
coller avec lien

pasteup (1) *N*
montage (en page)
Var.: paste-up.
Quasi-syn.: page makeup.

pasteup (2) *N*
Syn.: mechanical (layout).

pattern *N*
motif
Syn.: fill pattern.

pattern recognition *N*
reconnaissance de formes
Hypon.: optical character recognition.

pause print *N*
arrêt momentané d'impression

PDL *N*
LDP
Abbr. for Page Description
Language.

PEL *N*
Var.: pel.
Abbr. for Picture Element.

pencil rough *N*
Syn.: rough(s).

Phong shading *N*
modèle (d'illumination) de Phong

photocomposition *N*
Syn.: phototypesetting.

photoengraving *N*
photogravure

photoheadlining *N*
Syn.: photolettering.

photolettering *N*
phototitrage
Syn.: photoheadlining.

photolithography *N*
photogravure offset

photomedia output *N*
Syn.: film output.

photostat *N*
photostat
Syn.: stat.

phototypesetter *N*
photocomposeuse

phototypesetting *N*
photocomposition
Syn.: photocomposition.
Hyperon.: cold type.

pi characters *N pl*
caractères de casseau
Hypon.: bullet; dingbat; reference
mark.

pic *N*
Abbr. for picture.

pica *N*
pica
One pica = *4.2 mm.*
Cf. cicero.

pica type *N*
caractères pica
Ant.: elite type.

pictograph *N*
graphique figuratif
Syn.: pictorial chart.

pictorial chart *N*
Syn.: pictograph.

picture *N*
image (2)
Abbr.: pic *[sing.],* pix *[plur.].*

picture element *N*
Abbr.: pel; PEL; pixel.

pie *N*
tarte
Syn.: pie chart.

pie chart *N*
graphique circulaire
Syn.: circle chart; pie graph; sector
chart; wheel graph.
Hyperon.: chart.

pie graph *N*
Syn.: pie chart.

pie slice *N*
secteur (de graphique circulaire)

pitch *N*
pas (d'impression)

pix *N pl*
Abbr. for pictures *[plural].*

pixel *N*
pixel
Abbr. for picture element.

pixel array *N*
matrice de pixels
Syn.: scanned image.

pixels per inch *N*
pixels par pouce
Abbr.: ppi; PPI.

place mark *N*
indicateur d'emplacement
Hyperon.: cursor.

placement *N*
Syn.: quadding.

plain text *N*
standard

plain-paper imagesetter *N*
composeuse avec sortie sur
papier ordinaire

plain-paper output *N*
sortie sur papier ordinaire

platemaking *N*
clichage

plotter *N*
traceur (de courbes)

plotting mode *N*
mode (de) traçage

plumes *N pl*
pointes traçantes

point *N*
point

point size *N*
Syn.: body size.

pointer *N*
pointeur

pointing hand *N*
main de pointage

polar coordinates *N pl*
coordonnées polaires

pop up menu *N*
menu à accès direct

portability *N*
portabilité

**portrait (format/printing/
orientation/page)** *N*
à la française (format/impres-
sion/orientation/page)
Syn.: tall orientation; upright
     format; vertical page.

position (paragraph) format
[Word] *N*
mode cellules

positioning instructions *N*
instructions de positionnement

positive *N*
positif

PostScript *N pr*
PostScript
Hyperon.: page description language.

ppi *N*
Var.: PPI.
Abbr. for pixels per inch.

pre-printed data *N*
données préimprimées

preliminaries *N pl*
Abbr.: prelins.
Syn.: front matter.

preliminary matter/pages *N*
Syn.: front matter.

prelins *N pl*
Abbr. for preliminaries.

prepress *N*
prépresse

prepress proofs *N pl*
épreuves photographiques avant
tirage
Cf. press proofs.

presentation graphic *N*
Syn.: business graphic.

press proof(s) *N (pl)*
bon à tirer
Quasi-syn.: final proof.
Cf. prepress proofs.

preview *N*
prévisualisation
Syn.: previewing.
Quasi-syn.: page preview; print
     preview.

previewing *N*
Syn.: preview.

primary color *N*
couleur primaire
Ant.: secondary color.

primitive *N*
primitive
Quasi-syn.: graphical primitive.

print area *N*
zone d'impression

print buffer *N*
mémoire-tampon d'une imprimante
Syn.: printer buffer (memory).

print command *N*
commande d'impression

print margin *N*
Syn.: page offset.

print quality *N*
qualité d'impression

print rate *N*
vitesse d'impression

print screen command *N*
commande de recopie

print suppress code *N*
code de non-impression

print-and-tumble *N*
Syn.: work-and-tumble.

print-and-turn *N*
Syn.: work-and-turn.

printable character *N*
Syn.: graphics character.

printer buffer (memory) *N*
Syn.: print buffer.

printer font *N*
caractères d'impression
Hyperon.: font.

printing dummy *N*
Syn.: dummy.

printing instructions *N pl*
spécifications d'impression

printout *N*
document imprimé
Var.: print-out.
Hyperon.: hard copy.

pro wheel *N*
Syn.: proportional scale.

process blue *N*
Syn.: cyan.

process camera *N*
banc de photogravure

process color *N*
couleur d'encrage
Process colors are yellow, magenta, cyan, *and* black.
Cf. four-color printing.

process printing *N*
impression polychrome
Syn.: four-color process printing.
Parton.: color separation.

process red *N*
Syn.: magenta.

process-color printing *N*
Var.: process-colour printing.
Syn.: four-color process printing.

produce a report to a printer *V*
Syn.: output a report to a printer.

production editing *N*
Syn.: copy preparation.

programmable keyboard *N*
clavier programmable

progressive proofs *N pl*
gamme d'épreuves couleur
Abbr.: progs.
Syn.: progressives.

progressives *N pl*
Syn.: progressive proofs.

progs *N pl*
Abbr. for progressive proofs.

projection (type) *A*
projetés (caractères)

proof *N*
épreuve
Var.: proofs.
Hypon.: galley proof; page proof.

proofing *N*
tirage d'épreuves

proofing system *N*
système d'épreuves

proofread *V*
corriger des épreuves

proofreading *N*
correction d'épreuves

proportional characters *N pl*
caractères proportionnels
Syn.: proportional font.
Ant.: nonproportional characters.

proportional condensing *N*
étroitisation proportionnelle
Ant.: proportional spacing.

proportional font *N*
Syn.: proportional characters.

proportional scale *N*
échelle de réduction/agrandisse-
ment
Syn.: proportional (scale) wheel.

proportional (scale) wheel *N*
Syn.: proportional scale.

proportional spacing *N*
espacement proportionnel
Abbr.: PS.
Syn.: differential letterspacing.
Quasi-syn.: optical spacing.
Ant.: proportional condensing.

proportional spacing font *N*
police de caractères à
espacement proportionnel
Var.: proportional spacing fount.

prototype format *N*
format type

**provisioning parts
breakdown** *N*
Syn.: exploded view.

PS *N*
Abbr. for Proportional Spacing.

publication *N*
publication

publishing *N*
édition

publishing software *N*
logiciel d'édition
Syn.: publishing system.

publishing system *N*
Syn.: publishing software.

pull-down menu *N*
menu déroulant

pull-out quote *N*
citation hors texte

punctuation *N*
ponctuation
Quasi-syn.: punctuation marks;
punctuation symbols.

punctuation marks *N*
signes de ponctuation
Syn.: punctuation symbols.
Quasi-syn.: punctuation.

punctuation symbols *N*
Syn.: punctuation marks.
Quasi-syn.: punctuation.

pyramid chart *N*
graphique à pyramides
Hyperon.: bar chart.

Q

quad (1) *N*
Syn.: em.

quad (2) *V*
Syn.: flush.

quad center *A*
Syn.: centered.

quad left *A*
Syn.: flush left.

quad right *A*
Syn.: flush right.

quadding *N*
cadratinage
Syn.: placement.

quadrat *N*
cadrat
Syn.: em.

quaint character *N*
Syn.: ligature.

R

ragged *A*
non justifié
Syn.: non-justified; run ragged.

ragged left *A*
décalé à gauche
Var.: ragged-left.
Quasi-syn.: right justified.

ragged left *A*
non aligné à gauche

ragged right *A*
décalé à droite
Var.: ragged-right.
Syn.: unjustified.
Quasi-syn.: left justified.

ragged right *A*
non aligné à droite

raised *N*
Abbr. for raised initial.
Syn.: stick up.

raised initial *N*
lettrine alignée en pied
Syn.: cock-up initial; initial up;
standing initial; stickup initial.
Hyperon.: initial letter.
Ant.: drop(ped) initial.

raised printing *N*
impression anaglyptique
Cf. thermography.

range-column chart *N*
Syn.: high-low chart.

raster *N*
trame

raster device *N*
dispositif à quadrillage

raster display *N*
affichage de la trame
Quasi-syn.: raster image.

raster graphics *N*
infographie par quadrillage
Ant.: vector graphics.

raster image *N*
image tramée

raster image device *N*
Syn.: raster image processor.

raster image processing *N*
Syn.: dithering.

**raster image processing
system** *N*
unité de traitement de trame-
image
Abbr.: RIP system; RIPS.

raster image processor *N*
processeur d'image tramée
Abbr.: RIP.
Syn.: raster image device.

raster plotter *N*
traceur par ligne

raster scan *N*
balayage récurrent
Syn.: raster scanning.

raster scanning *N*
Syn.: raster scan.

raster unit *N*
unité de trame

raster-display device *N*
Syn.: raster-scan device.

raster-scan *V*
balayer ligne par ligne

raster-scan device *N*
dispositif à balayage récurrent
Syn.: raster-display device.

readability *N*
   Syn.: legibility.

reading head *N*
tête de lecture

reading station *N*
poste de lecture

reading type *N*
   Syn.: body type.

recall *N*
rappel

record *N*
fiche

rectangular text-wrap *N*
habillage au carré

recto *N*
belle page
   Syn.: right-hand page.
   Ant.: verso.

red, green, blue *N*
rouge, vert, bleu
   Abbr.: RGB.

reduce *V*
réduire
   Ant.: blow up; enlarge.

reduced *A*
format réduit

reduced view *N*
vue réduite

reducing and enlarging *N*
réduction et agrandissement
   Syn.: scaling.

reduction *N*
réduction

reference *N*
référence

reference mark *N*
appel (de note)
   Syn.: figure (2); insertion mark.
   Quasi-syn.: reference.
   Hyperon.: pi character.

reflect tool *N*
réflexion

reflected type *N*
caractères symétriques en miroir

reformatting *N*
remise en forme

refresh *N*
rafraîchissement

refresh rate *N*
fréquence de rafraîchissement

register marks *N*
repères

relative coordinates *N pl*
coordonnées relatives

relief printing *N*
impression en relief
   Quasi-syn.: embossing.

remake *V*
remanier (un texte)

removal *N*
   Syn.: deletion.

renumbering *N*
renumérotation

repaginate *V*
repaginer

repagination *N*
repagination
   Hypon.: automatic repagination.

repeat key *N*
touche de répétition

replace (1) *N*
remplacement (1)

replace (2) *V*
remplacer

repro (proof) *N*
   Abbr. for reproduction proof.

reproduction copy *N*
   Syn.: camera-ready copy.

reproduction proof *N*
épreuve de reproduction
> *Abbr.:* repro (proof).
> *Syn.:* black and white; etch proof.

reprography *N*
reprographie

required hyphen *N*
trait d'union obligatoire

resolution *N*
définition

resume print *N*
reprise d'impression

RET *N*
RET

retouching *N*
retouche

retrieval *N*
récupération

return key *N*
> *Syn.:* carriage return key.

reverse *V*
inverser
> *Syn.:* invert.

reverse(d) type *N*
caractères noir au blanc
> *Syn.:* reversed lettering.

reverse indention *N*
> *Syn.:* hanging indent.

reverse leading *N*
interligne inversé

reverse video *N*
vidéo inverse

reversed lettering *N*
> *Syn.:* reverse(d) type.

reversing black to white *N*
inversion en noir au blanc
> *Syn.:* reversing out; whiting out.

reversing out *N*
> *Syn.:* reversing black to white.

revised proof *N*
épreuve corrigée

revision mode *N*
mode révision

RGB *N*
> *Abbr. for* Red, Green and Blue.

RGB color model *N*
modèle RGB

rich text format *N*
format RTF
> *Abbr.:* RTF.

right justification *N*
justification à droite
> *Syn.:* flush right feature; right-hand
> justification.

right justified *A*
cadré à droite
> *Var.:* right-justified.
> *Syn.:* flush right.
> *Cf.* alignment.

right margin *N*
marge de droite
> *Syn.:* right-hand margin.

right-aligned (text) *A*
justifié à droite (texte)

right-hand justification *N*
> *Syn.:* right justification.

right-hand margin *N*
> *Syn.:* right margin.
> *Ant.:* left-hand margin.

right-hand page *N*
recto
> *Syn.:* recto.
> *Ant.:* left-hand page.

right-justified *A*
> *Syn.:* flush right.
> *Quasi-syn.:* ragged left.

RIP *N*
RIP
> *Abbr. for* Raster Image Processor.

river *N*
lézarde

rod chart *N*
graphique à bâtonnets

rolling ball *N*
Syn.: trackball.

roman *A*
romain
Ant.: italic.

Roman *N pr*
Romain

rotate *V*
faire pivoter

rotated (type) *A*
pivoté (caractère)
Hypon.: clockwise; counterclockwise.

rotation *N*
rotation (d'image)

rotoscoping *N*
rotoscopie

rough proof *N*
épreuve en première
Syn.: flat pull; foul proof; rough pull.

rough pull *N*
Syn.: rough proof.

rough(s) *N (pl)*
pré-maquette
Syn.: pencil rough.
Hyperon.: sketch.

rounded corner *N*
angle arrondi
Ant.: mitered corner; squared corner.

row *N*
rangée

RTF *N*
Abbr. for Rich Text Format.

rubber banding *N*
étirement

rubber-band line *N*
tracé élastique

rubber-band line-drawing *N*
technique de l'élastique

rubout *N*
Syn.: destructive backspace.

rule *N*
filet
Syn.: rule(d) line; ruling line.

rule(d) line *N*
Syn.: rule.

ruler *N*
réglette de format

ruler guide *N*
ligne-guide

ruler line *N*
ligne graduée

ruler zero point *N*
origine de la ligne graduée

ruling *N*
linéature (de trame)
Syn.: linescreen; screen ruling.

ruling line *N*
Syn.: rule.

run in (1) *V*
placer un titre dans le texte
courant

run in (2) *V*
Syn.: run on.

run on *V*
supprimer l'alinéa
Syn.: run in (2).

run out *V*
faire un débord

run ragged *A*
Var.: run-ragged (text).
Syn.: ragged.

run-in (1) *N*
titre in-texte
Syn.: run-in head.

run-in (2) *V*
faire suivre

run-in head(ing) *N*
Syn.: run-in (1).

runaround (feature) *N*
habillage (fonction d')
Var.: run around; run-around.
Syn.: text runaround.

runaround format *N*
format habillage

running foot *N*
titre courant de/en bas de page
Syn.: footer; running footer.

running footer *N*
Syn.: running foot.

running head *N*
titre courant
Syn.: folio line; header; running
    page head; running title.

running heads and feet *N pl*
Syn.: headers/footers.

running page head *N*
Syn.: running head.

running text *N*
texte au kilomètre
Syn.: solid matter; straight copy;
    straight matter.

running title *N*
Syn.: running head.

S

same size *A*
même format
Abbr.: SS.

sample *N*
échantillon

sampling cell *N*
cellule d'échantillonnage

sans serif *A*
linéale
Var.: sans-serif.
Ant.: serif.
Hypon.: grotesque.

saturation (of color) *N*
densité (d'une couleur)

scale (1) *V*
changer d'échelle

scale (2) *N*
échelle (d'une image)

scale cursor *N*
Syn.: ghost cursor.

scale factor *N*
facteur d'échelle

scale up *V*
Syn.: blow up.

scaling *N*
changement d'échelle
Syn.: reducing and enlarging; sizing.

scan *V*
balayer

scan line *N*
ligne de balayage

scanned image *N*
Syn.: pixel array.

scanner *N*
scanner
Syn.: image scanner.

scanner output *N*
sortie de scanner

scanning *N*
balayage électronique
Syn.: electronic scanning.

scatter *N*
nuage de points

scatter chart *N*
graphique de dispersion
Syn.: dot chart; scatter diagram;
    scattergram; scatter graph;
    scatter plot.

scatter diagram *N*
Syn.: scatter chart.

scatter graph *N*
Syn.: scatter chart.

scatter plot *N*
Syn.: scatter chart.

scattergram *N*
Syn.: scatter chart.

scientific word processor *N*
traitement de texte scientifique
Hyperon.: word processing program.

scissoring *N*
Syn.: silhouetting.

screen (1) *V*
tramer

screen (2) *N*
écran
Syn.: display screen.

screen (3) *N*
trame (de) simili

(screen) display *N*
affichage (à l'écran)
Syn.: visual display.

screen dump *N*
recopie

screen(ed) tint *N*
fond tramé

screen font *N*
police d'écran
Var.: screen fount.
Syn.: generic font.
Hyperon.: font.

screen ruling *N*
Syn.: ruling.

screen-controller board *N*
carte de contrôle d'écran

screened print *N*
épreuve tramée

screening *N*
tramage

Script *N pr*
Scripte

script (type/font) *N*
scripte
Syn.: cursive (type/script).

scrolling *N*
défilement
Hypon.: horizontal scrolling; page scrolling; pan scrolling; vertical scrolling.

search (1) *N*
recherche

search (2) *V*
rechercher

search and replace *N*
recherche et remplacement
Var.: search/replace.

search string *N*
chaîne de recherche

secondary color *N*
couleur secondaire
Ant.: primary color.

section mark *N*
signe §

sector chart *N*
graphique à secteurs
Syn.: pie chart.
Hyperon.: chart.

segment *N*
segment

select *V*
sélectionner

selective replace *N*
remplacement sélectif

selective word justification *N*
justification sélective des mots

semi-bold *A*
demi-gras (caractère)
Syn.: demi bold.

separation *N*
Syn.: color separation.

separation negative *N*
négatif de sélection
Cf. color separation.

separator *N*
séparateur
> *Syn.:* delimiter.

separatrix *N*
> *Syn.:* slash.

series *N*
> *Syn.:* type series.

serif *N*
empattement
> *Ant.:* sans serif.

set *N*
> *Syn.:* set width.

set size *N*
> *Syn.:* set width.

set solid *A*
compact

set to left *A*
> *Syn.:* flush left.

set width *N*
chasse (d'un caractère)
> *Var.:* set-width.
> *Syn.:* character body width; set; set
> size; width.
> *Quasi-syn.:* brass width; setwise.

set width adjustment *N*
ajustement de la chasse
> *Syn.:* overall kerning; white space
> adjustment.

set-up *N*
paramétrage initial

setting (of the text) *N*
> *Syn.:* composition.

SGML *N*
> *Abbr. for* Standard Generalized
> Markup Language.

shaded letter *N*
lettre ombrée

shading *N*
ombrage

shading model *N*
modèle d'illumination

shading pattern *N*
> *Syn.:* fill pattern.

shadow (1) *A*
ombré

shadow (2) *N*
ombre(s)
> *Var.:* shadows.
> *Ant.:* highlight; middle tones.

shadow cursor *N*
> *Syn.:* ghost cursor.

shadow page *N*
page fictive

shadow printing *N*
impression ombrée

shadow spacing *N*
interlignage grisé

shadowing *N*
> *Cf.* automatic shadowing.

shape (of a letter) *N*
forme (d'une lettre)

shear *N*
distorsion

sheet *N*
feuille
> *Syn.:* leaf.

sheetfed scanner *N*
scanner à rouleau

shill(ing) mark *N*
barre de fraction
> *Hyperon.:* separatrix; slash; solidus;
> virgule.

short "and" *N*
> *Syn.:* ampersand.

short page *N*
page courte

short title *N*
> *Var.:* short-title.
> *Syn.:* half title.

short title page *N*
page de faux titre

shoulder *N*
talus

side view *N*
vue de côté

**side-by-side paragraph
format** *[for columns in Word]* *N*
mode (paragraphes) côte à côte

sidebar *N*
encadré
  Syn.: boxed-in (text).

sidehead *N*
intertitre en marge

sign *N*
signe (typographique)

signature *N*
cahier

signature line *N*
  Syn.: footline.

silhouette (halftone) *N*
simili détourée
  Syn.: block out halftone; cut-out
  halftone; drop out; outlined
  halftone; silhouetted halftone.

silhouetted halftone *N*
  Syn.: silhouette (halftone).

silhouetting *N*
détourage
  Syn.: scissoring.

simple bar chart *N*
  Syn.: bar chart; bar diagram.

simple column chart *N*
  Syn.: column chart.

simultaneous display *N*
affichage simultané

**Simultaneous Peripheral
Options On-Line** *N*
  Abbr.: SPOOL.

single color machine *N*
machine à une couleur

single quotes *N*
guillemets simples

single space *N*
interligne simple

single-spaced text *N*
texte à interligne simple

sinkage *N*
blanc de tête de chapitre/de tête
de page

size (1) *N*
taille
  Syn.: body size.

size (2) *V*
formater (une illustration)

size box *N*
case de contrôle de taille
  Syn.: full box.

sizing *N*
  Syn.: scaling.

sketch *N*
croquis
  Hypon.: rough(s).

skewed indent *N*
renfoncement progressif

skewed (type) *A*
penché (caractère)

skewing *N*
inclinaison horizontale

skip (capability) *N*
saut (fonction)

slab serif *N*
empattement gras

slant *N*
  Syn.: slash.

slash *N*
barre oblique
  Syn.: oblique (2); separatrix; slant;
  slash mark; solidus; virgule.
  Hypon.: shilling mark.

slash mark *N*
Syn.: slash.

slip (proof) *N*
Syn.: galley (proof).

slope (of a character) *N*
inclinaison (d'un caractère)

slug *N*
titre de rappel
Syn.: leading slug.

small caps *N pl*
petites capitales
Cf. caps and small caps.

smoothing *N*
lissage

snap *V*
caler

snap-to *N*
calage
Syn.: grid snap.

soft carriage return *N*
retour conditionnel
Abbr.: soft return.
Syn.: newline mark.
Hyperon.: carriage return.
Ant.: hard carriage return.

soft copy *N*
copie sur écran
Var.: softcopy.
Ant.: hard copy.

soft hyphen *N*
Syn.: discretionary hyphen.

soft page break *N*
coupure de page automatique
Quasi-syn.: automatic pagination.
Hyperon.: page break.
Ant.: hard page break.

soft page feature *N*
Syn.: automatic pagination.

soft return *N*
Abbr. for soft carriage return.

solarization *N*
solarisation

solid matter *N*
Syn.: running text.

solid(s) model *N*
modèle volumique

solid(s) modeling *N*
modélisation volumique

solidus *N*
Syn.: slash.
Hypon.: shill(ing) mark.

sort (1) *N*
tri

sort (2) *V*
trier

sort in ascending order *N*
tri dans l'ordre croissant
Syn.: ascending sort; forward sort.
Ant.: sort in descending order.

sort in descending order *N*
tri dans l'ordre décroissant
Syn.: backward sort; descending sort.
Ant.: sort in ascending order.

sort key *N*
clé de tri
Syn.: sorting key.

sort on more than one key *N*
tri multiclé
Syn.: sort on multiple fields.

sort on multiple fields *N*
Syn.: sort on more than one key.

sorting key *N*
Syn.: sort key.

source document *N*
document de base

space *N*
espace
Cf. em; leading; vertical spacing.

space dot *N*
point d'espacement
Syn.: center point.
Hyperon.: space mark.

space mark *N*
marque d'espacement
Hypon.: space dot.

space out *V*
chasser
Syn.: drive out.

spaceband *N*
Syn.: interword space.

spacing *N*
espacement

spanner head(ing) *N*
têtière multicolonne
Syn.: decked head.

spatial resolution *N*
définition spatiale

special character *N*
Syn.: additional character.

spell checker *N*
Syn.: spelling checker.

speller *N*
Syn.: spelling checker.

spelling checker *N*
vérificateur d'orthographe
(logiciel)
Syn.: spell checker; speller.
Quasi-syn.: spelling corrector;
spelling dictionary.

spelling corrector *N*
correcteur d'orthographe
Quasi-syn.: spelling checker.

spelling dictionary *N*
dictionnaire (de vérification)
orthographique
Syn.: dictionary (1).
Quasi-syn.: spelling checker.

split screen *N*
écran divisé

SPOOL *N*
spoule
Abbr. for **S**imultaneous **P**eripheral
Options **O**n-**L**ine.
Syn.: spooler.

spooler *N*
programme d'impression
désynchronisée
Syn.: spool.

spot color *N*
couleur d'accompagnement
Cf. pantone matching system.

spot function *N*
fonction de localisation

spread *N*
double page
Syn.: centerfold; center spread;
double-page spread; double
spread; double truck.

spreadsheet *N*
feuille de calcul électronique
Var.: spread sheet.
Syn.: electronic spreadsheet.

spreadsheet package *N*
Syn.: spreadsheet program.

spreadsheet program *N*
tableur (électronique)
Var.: spread sheet program.
Syn.: spreadsheet package.

square ruled screen *N*
Syn.: halftone screen.

square serif *N*
Syn.: Egyptian.

squared corner *N*
coin carré
Ant.: mitered corner; rounded corner.

SS *A*
Abbr. for **S**ame **S**ize.

stacked bar chart *N*
graphique à barres subdivisées
Syn.: stacked bar graph.
Hyperon.: bar chart; chart.

stacked bar graph *N*
Syn. stacked bar chart.

staircase-like effect *N*
Syn.: aliasing.

stairstep effect *N*
phénomène d'escalier
Var.: stair-stepped effect.
Syn.: aliasing.

stairstep graph *N*
graphique en escaliers

stairstep runaround *N*
habillage en escalier

**Standard Generalized
Markup Language** *N*
langage SGML
Abbr.: SGML.
Var.: standard generalized markup
language.

standing initial *N*
Syn.: raised initial.
Hyperon.: initial letter.
Ant.: sunken initial.

stat *N*
Syn.: photostat.

status line *N*
ligne moniteur

stem *N*
jambage
Syn.: downstroke; main stroke.

step wedge *N*
Syn.: gray scale.

stet *V*
bon (texte)

stickup (initial) *N*
Var.: stick up.
Syn.: raised initial.
Hyperon.: initial letter.

stored form *N*
formulaire préenregistré

stored form recall/display *N*
rappel et affichage de formulaire
préenregistré

straddle head *N*
titre en porte-à-faux
Syn.: straddle rule.

straddle rule *N*
Syn.: straddle head.

straddle word *N*
mot en porte-à-faux

straight copy *N*
Syn.: running text.

straight matter *N*
Syn.: running text.

strike-on (typesetting) *N*
composition directe
Syn.: cold type (composition).

strikeout *N*
Syn.: strikethrough.

strikeover *N*
surimpression

strikethrough *N*
biffage
Var.: strikethru.
Syn.: overstrike (1); strikeout.

string *N*
chaîne (de caractères)
Syn.: character string.

style *N*
style
Syn.: character style; text style.

style sheet *N*
feuille de style

styles storage (feature) *N*
mémorisation des styles
(fonction de)

sub/superscript printout *N*
impression des exposants et des
indices

subhead (1) *N*
sous-titre

subhead (2) *N*
intertitre
Var.: sub-head.
Syn.: subheading.

subheading *N*
Var.: sub-heading.
Syn.: subhead (2).

subpicture *N*
sous-image

subscript *N*
indice
Syn.: inferior character.
Ant.: superscript.

subscript display *N*
affichage d'indices

sunken initial *N*
Syn.: drop(ped) initial.
Hyperon.: initial letter.
Ant.: standing initial.

superfont *N*
superpolice
Var.: superfount.

superior character *N*
Syn.: superscript.
Ant.: inferior character.

superior figure *N*
chiffre en exposant
Hyperon.: superior character.
Ant.: inferior figure.

superscript *N*
exposant
Syn.: superior character.

superscript display *N*
affichage d'exposants

suppression *N*
Syn.: deletion.

swash initial *N*
lettrine ornée
Hyperon.: swash letter.

swash letter *N*
lettre ornée italique
Hyperon.: swash character.

symmetrical balance *N*
Syn.: symmetrical layout.
Ant.: dynamic balance.

symmetrical layout *N*
mise en pages symétrique
Syn.: formal balance; symmetrical balance.
Ant.: asymmetrical layout.

synonym dictionary *N*
dictionnaire de synonymes

T

tab (1) *N*
Abbr. for tabulator.

tab (2) *N*
Abbr. for tabulation.

tab key *N*
tabulateur
Abbr.: tab (1).
Syn.: tabulator.

tab setting *N*
pose de tabulations
Syn.: tab stop.

tab stop *N*
(taquet de) tabulation
Syn.: tab setting.

table (feature) *N*
tableautage (fonction de)

table of contents (feature) *N*
table des matières (fonction)
Abbr.: contents.

tablet *N*
Syn.: graphics tablet.

tabular composition *N*
composition tabulaire
Syn.: tabular matter.

tabular matter *N*
Syn.: tabular composition.

tabulation *N*
tabulation
Abbr.: tab (2).

tabulator *N*
Abbr.: tab (1).
Syn.: tab key.

tag *N*
balise (typographique)
Var.: tags.
Cf. style sheet.

tag ends *N*
ligne creuse
Hypon.: orphan; widow.

Tagged Image File Format *N*
format TIFF
Abbr.: TIFF.
Var.: tagged-image file format.

tagged text *N*
texte balisé

tagging mode *N*
mode format (de paragraphe)

tail margin *N*
Syn.: bottom margin.

tall orientation *N*
Syn.: portrait format.

technical illustration *N*
illustration technique
Hypon.: assembled view; cutaway;
exploded view; flow diagram;
graph; organization chart;
schematic; wiring diagram.

template *N*
(fichier) modèle
Hypon.: boilerplate.

temporary margin *N*
marge temporaire

term dictionary *N*
Syn.: glossary.

text *N*
texte

text block *N*
Syn.: copy block; block (1).

text calculation *N*
calculs dans le texte

text composition *N*
composition de texte

text cursor *N*
curseur de texte
Hypon.: I-beam.

text editing *N*
édition de texte(s)

text editing mode *N*
Syn.: text mode.

text editing system *N*
Syn.: text editor.

text editor *N*
éditeur (de texte(s))
Syn.: editor (program); text editing
system.

text file *N*
fichier (de) texte

text format *N*
format de texte

text formatter *N*
formateur de texte

text formatting *N*
formatage de texte

text mode *N*
mode texte
Syn.: text editing mode.

text move *N*
déplacement
Quasi-syn.: block move/copy; cut and
paste.

text processing *N*
Syn.: word processing.

text processing software *N*
Syn.: word processor.

text runaround *N*
Syn.: runaround (feature).

text style *N*
Syn.: style.

text tagging *N*
balisage de texte

text tool *N*
Quasi-syn.: word processing tool.

text type *N*
Syn.: body type.

text wrap *N*
Syn.: word wrap.

text-only (document) *A*
texte pur
Cf. ASCII.

texture *N*
Syn.: fill pattern.

thermal imaging *N*
impression thermique

thermal printer *N*
imprimante thermique
Syn.: direct thermal printer.

thermal transfer *N*
transfert thermique

thermal transfer printer *N*
imprimante à transfert thermique
Syn.: heat transfer printer.

thermography *N*
thermographie
Cf. raised printing.

thesaurus *N*
dictionnaire analogique

thick lead *N*
interligne forte
Ant.: thin lead.

thick space *N*
espace forte
Syn.: three-em space; three-to-the-em space.

thick stroke *N*
plein
Ant.: thin stroke.

thin lead *N*
interligne fine
Ant.: thick lead.

thin space *N*
espace fine (2)
Syn.: four-em space; four-to-the-em space.

thin stroke *N*
délié
Syn.: hairline.
Ant.: thick stroke.

third-generation typesetter *N*
composeuse de troisième génération

three-dimensional *A*
tridimensionnel

three-dimensional graphic *N*
graphique tridimensionnel
Abbr.: 3-D graph.

three-dimensional graphic system *N*
système graphique tridimensionnel

three-dimensional image *N*
image tridimensionnelle
Abbr.: 3-D image.

three-dimensional model *N*
modèle tridimensionnel
Hypon.: solid(s) model; wireframe model.

three-dimensional modeling *N*
modélisation tridimensionnelle
Hypon.: solid(s) modeling; wireframe modeling.

three-em space *N*
Syn.: thick space.

three-to-the-em space *N*
Syn.: thick space.

thumbnail (sketch) *N*
tracé miniaturisé

tick mark *N*
coche

TIFF *N*
Abbr. for Tagged Image File Format.

tight register *N*
Syn.: hairline register.

Times *N pr*
Times

tint *N*
nuance (de couleurs)

tint block *N*
aplat couleur

title *N*
titre (1)

title page *N*
page de titre

titling *N*
titrage
Parton.: display type.

toggle (1) *V*
basculer

toggle (2) *N*
Syn.: toggle switch.

toggle switch *N*
interrupteur à bascule
Syn.: toggle (2).

tone(s) *N (pl)*
ton(s)

toner *N*
toner
Cf. electrostatic process.

toolbox *N*
boîte à outils
Syn.: toolkit.

toolkit *N*
Syn.: toolbox.

top margin *N*
marge supérieure
Syn.: head margin.

top-down method *N*
recherche par occurrences

trackball *N*
boule (roulante)
Var.: track ball.
Syn.: rolling ball; tracker ball.

tracker ball *N*
Syn.: trackball.

tracking *N*
rectification d'approche
Hypon.: kerning; letterspacing.

trajectory *N*
trajectoire

transfer type *N*
caractères de transfert

transformation *N*
transformation

Transitional *N*
Réales

translation *N*
translation

transparency *N*
transparent

trim (1) *V*
couper (une illustration)

trim (2) *N*
coupe
Cf. trim size.

trim marks *N pl*
Syn.: crop marks.

trim size *N*
format rogné
Syn.: trimmed size.

trimmed size *N*
Syn.: trim size.

trimming *N*
Syn.: cropping.

two-color (process) printing *N*
bichromie

two-dimensional *A*
bidimensionnel
Abbr.: 2D.

**two-dimensional graphic
system** *N*
système graphique
bidimensionnel

two-dimensional image *N*
image bidimensionnelle

two-direction (printing) *A*
Syn.: bidirectional printing.

two-up printing *N*
impression en double pose

type *N*
type (de caractère)

type family *N*
Syn.: typeface (1).

type font *N*
Var.: type fount. *[G. B.]*
Syn.: font.

type height *N*
hauteur de caractère

type library *N*
Syn.: font library.

type series *N*
série de caractères
Syn.: series.

type size *N*
Syn.: body size.

type style *N*
style de caractères
Var.: typestyle.
Syn.: (character) style.
Hypon.: gothic; italic; roman; script; text.

type weight *N*
Syn.: weight (1).

typeface (1) *N*
famille (de caractères)
Var.: type face.
Syn.: family; font; type family; typeface family; face.
Hypon.: Old English.

typeface (2) *N*
oeil (de la lettre/du caractère)
Var.: type face.

typeface classification *N*
classification (typographique)

typeface family *N*
Syn.: typeface (1).

typeover *N*
remplacement (2)

typeover mode *N*
mode remplacement

typesetter *N*
Syn.: typesetting machine.

typesetting *N*
Var.: type-setting.
Syn.: composition.
Hypon.: automatic typesetting.

typesetting code *N*
code de composition

typesetting machine *N*
composeuse
Syn.: composing machine; image-setter; typesetter.

typesetting parameter *N*
paramètre de composition

typewriter quality printing *N*
Syn.: letter quality printing.

typo *N*
Abbr. for typographical error.

typographical error *N*
erreur typographique
Abbr.: typo.

U

u & lc *N*
Var.: u/lc.
Abbr. for upper and lower case.

u/lc *N*
Var.: u & lc.
Abbr. for upper and lower case.

underline (1) *V*
souligner
Syn.: underscore (1).

underline (2) *N*
Syn.: underlining.

underline (3) *N*
Syn.: legend.

underlining *N*
soulignement
Syn.: underline (2); underscore (2);
    underscoring.
Hypon.: automatic underlining.

underlying frame *N*
Syn.: underlying page.

underlying page *N*
fond de page
Syn.: underlying frame.

underscore (1) *V*
Syn.: underline (1).

underscore (2) *N*
Syn.: underlining.

underscore display *N*
affichage en souligné

underscoring *N*
Syn.: underlining.

undo *V*
défaire

uneven page *N*
page impaire

Univers *N pr*
Univers

unjustified *A*
Syn.: ragged right.

unjustified composition *N*
composition non justifiée

unsort *V*
rétablir (dans l'ordre précédent)

update *N*
mise à jour

upper and lower *A*
Abbr. for upper and lower case.

upper and lower case *N*
majuscules et minuscules
Abbr.: u/lc; upper and lower.
Syn.: capitals and lower case.

uppercase *N*
majuscule (caractère/lettre)
Var.: upper case; upper-case.
Syn.: capital; majuscule.

uppercase (letter) *N*
Syn.: capital.

upright (format) *N*
en hauteur (format)
Syn.: portrait (format).

user-friendly *A*
convivial

utility quality printing *N*
Syn.: draft quality printing.

V

value (of colors) *N*
Syn.: density (1).

variable *N*
variable

variable text *N*
texte variable

VDT *N*
Abbr. for Video Display Terminal.

vector *N*
vecteur
Ant.: bit-map (1).

vector data *N*
données vectorielles
Syn.: vector-coded data.

vector graphic *N*
graphique vectoriel

vector graphic table *N*
table graphique vectorielle

vector graphics *N*
graphisme vectorisé
Syn.: curve-linear graphics; draw-
    type graphics; object-oriented
    graphics; vector-based graphics.
Quasi-syn.: line art (2).
Ant.: raster graphics.

vector image *N*
image vectorielle

vector mode *N*
mode vecteur

vector type *N*
caractère vectorisé
    Syn.: vector-coded type.

vector-based graphics *N*
    Syn.: vector graphics.

vector-coded data *N*
    Syn.: vector data.

vector-coded type *N*
    Syn.: vector type.

vector-oriented *A*
vectoriel
    Var.: vector oriented.
    Syn.: object oriented.

Venetian *N pr*
Humanes

verso *N*
page paire
    Syn.: even page.
    Ant.: recto.

vertex *N*
vertex
    Var.: vortex.
    Parton. of letter.
    Ant.: apex.

vertical alignment *N*
alignement vertical

vertical bar chart *N*
    Syn.: column chart.

vertical bar graph *N*
    Syn.: column chart.

vertical column chart *N*
    Syn.: column chart.

vertical justification *N*
justification verticale
    Hypon.: carding; feathering; leading.

vertical page *N*
    Syn.: portrait (page).

vertical screen *N*
écran vertical

vertical scrolling *N*
défilement vertical

vertical spacing *N*
espacement vertical
    Syn.: line spacing.

VGA *N*
    Abbr. for Video Graphics Adapter.

video board *N*
carte vidéo

video camera *N*
caméra vidéo (de saisie)
    Syn.: input video camera.

video display terminal *N*
terminal à écran de visualisation
    Abbr.: VDT.

video layout terminal *N*
poste/terminal de mise en pages
sur écran
    Abbr.: VLT.

video page *N*
page-écran

video-grabbing *N*
capture d'image vidéo
    Syn.: frame-grabbing.

view *V*
afficher

view point *N*
    Syn.: view reference point.

view reference point *N*
point de référence visuel
    Syn.: view point.

view volume *N*
volume de vue

viewing *N*
vision pré-impression

viewing window *N*
fenêtre de vision pré-impression

vignette N
vignette
　　Syn.: flower.

vignette(d) halftone N
dégradé

virgule N
　　Syn.: slash.

visual display N
　　Syn.: (screen) display.

VLT N
　　Abbr. for Video Layout Terminal.

void N
évidement fermé
　　Syn.: full counter.

volatile display N
affichage non rémanent

vortex N
　　Var.: vertex.

W

warm color N
couleur chaude

wax thermal transfer N
transfert thermique de cire

wedge serif N
empattement cunéiforme

weight (1) N
graisse
　　Syn.: type weight.

weight (2) N
épaisseur

What You See Is What You Get A
simulation de l'impression à l'écran
　　Abbr.: WYSIWYG.
　　Var.: What-You-See-Is-What-You-Get.
　　Quasi-syn.: See What I Get.

wheel graph N
　　Syn.: pie chart.

white line N
ligne de cadrats

white space N
espace vierge

white space adjustment N
　　Syn.: set width adjustment.

white space reduction N
　　Syn.: kerning.

whiting out N
　　Syn.: reversing black to white.

wide A
　　Syn.: expanded.

wide orientation N
　　Syn.: landscape (format).

widow N
ligne creuse (en haut de page)
　　Ant.: orphan.

widow adjust N
ajustement de ligne creuse
　　Hypon.: automatic widow adjust.

width N
　　Syn.: set width.

width (of a character) N
largeur (d'un caractère)

width table N
table de chasse

wild card (character) N
caractère de remplacement

window N
fenêtre

windowing N
fenêtrage
　　Cf. split screen.

wireframe (model/modeling) N
fil de fer (modèle/modélisation)

word count N
comptage des mots

word processing *N*
traitement de texte(s)
Abbr.: WP.
Var.: wordprocessing.
Syn.: text processing.
Quasi-syn.: computerized word
   processing.

word processing package *N*
progiciel de traitement de texte

word processing program *N*
Syn.: word processor.

word processing software *N*
Syn.: word processor.

**word processing software
package** *N*
progiciel d'édition
Quasi-syn.: word processor.

word processing system *N*
Abbr.: WPS.
Syn.: word processor.

word processing tool *N*
outil de traitement de texte
Quasi-syn.: text tool.

word processor *N*
logiciel de traitement de texte(s)
Abbr.: WP.
Syn.: text processing software; word
   processing program; word processing software; word processing
   system; WP softwar.
Quasi-syn.: word processing
   package; word processing
   software package.

word space *N*
Syn.: interword space.

word spacing *N*
espacement entre les mots
Syn.: interword spacing.

word wrap (feature) *N*
renouement de mots (fonction de)
Var.: word-wrap.
Syn.: text wrap; word wraparound;
   wraparound.
Cf. carriage return.

word wraparound *N*
renouement de(s) mots
Syn.: word wrap.
Hypon.: automatic word wraparound.

word-usage program *N*
programme de vérification en
contexte

Words Per Minute *N*
mots à la minute
Abbr.: WPM.

work-and-tumble *N*
imposition tête-à-queue
Syn.: print-and-tumble.

work-and-turn *N*
imposition en demi-feuille
Syn.: print-and-turn.

WP (1) *N*
Abbr. for Word Processing.

WP (2) *N*
Abbr. for Word Processor.

WP software *N*
Syn.: word processor.

WPM *N*
Abbr. for Words Per Minute.

WPS *N*
Abbr. for Word Processing System.

wrap *V*
renouer
Compound words: text wrap; word
   wrap.

wraparound *N*
Var.: wrap around.
Syn.: word wrap.

writing head *N*
tête d'écriture

writing line *N*
ligne d'impression

writing station *N*
poste d'écriture

written space *N*
espace occupé

WYSIWYG *A*
WYSIWYG
  Abbr. for **W**hat **Y**ou **S**ee **I**s **W**hat **Y**ou
  Get.

WYSIWYG screen *N*
écran de prévisualisation

X

x-height *N*
hauteur des minuscules «x»
  Quasi-syn.: body height.

x-line *N*
  Syn.: mean line.

xerographic printer *N*
  Syn.: electrostatic printer.

xerography *N*
  Syn.: electrostatic process.

Y

yellow *A/N*
jaune

Z

z buffer *N*
buffer de profondeur

Zapf Chancery *N pr*
Zapf Chancery

Zapf dingbats *N pl*
signes spéciaux Zapf

zoom *N*
zoom (fonction)

zooming *N*
loupe (effet de)

LE DICTIONNAIRE PRATIQUE
DE L'ÉDITIQUE

Paul Pupier et Aline Gagnon

LE DICTIONNAIRE PRATIQUE DE L'ÉDITIQUE

Les Éditions
LOGIQUES

Les Éditions LOGIQUES
C.P. 10, succ. D, Montréal (Québec) H3K 3B9
Tél.: (514) 933-2225
FAX: (514) 933-2182

LE DICTIONNAIRE PRATIQUE DE L'ÉDITIQUE
© Les Éditions LOGIQUES inc., 1992
Dépôt légal, 2ᵉ trimestre 1992
Bibliothèque nationale du Québec
Bibliothèque nationale du Canada

ISBN 2-89381-068-3

LE DICTIONNAIRE PRATIQUE
DE L'ÉDITIQUE

AVANT-PROPOS

À qui est destiné notre dictionnaire?

Le présent ouvrage s'adresse avant tout aux praticiennes et praticiens de l'éditique, autrement dit aux éditiciennes et éditiciens. Actuellement, les imprimeurs ne sont plus les seuls à faire de l'édition électronique; les entreprises, les auteurs, les traducteurs, les journalistes, les professeurs et les étudiants en font également. En général, les organismes et les personnes, grâce au micro-ordinateur, présentent leurs écrits de façon de plus en plus élaborée, et en viennent donc à faire de l'éditique. Or, il se trouve que la majeure partie de la documentation dans ce domaine, surtout de la documentation de qualité, est en anglais. Les francophones manquent souvent de mots français pour exprimer cette réalité. (Dans notre recherche même, les nomenclatures d'étape renfermaient beaucoup plus de termes anglais non traduits que de termes français sans équivalent.) Ce sont ces utilisateurs de l'éditique – ces personnes et ces organismes – que nous cherchons à aider. Nous voulons faire oeuvre de francisation dans un domaine d'avant-garde, et où il y a beaucoup à faire.

L'éditique et sa nomenclature

Le lecteur curieux vérifiera que le mot *éditique* n'est pas immédiatement traduit dans le présent ouvrage, alors qu'il est assez important pour apparaître dans le titre. Pour *éditique*, nous renvoyons en effet au terme plus explicite, *édition électronique*. Comme autre synonyme d'*éditique*, nous avons *édition assistée par ordinateur*. Le mot *éditique* semble restreint au Québec, où il a cependant atteint un statut officiel. En France, on utilise plutôt *publication assistée par ordinateur,* et surtout son sigle, *PAO*. (Au Québec même, *PAO* s'entend, à côté d'*éditique*.) Les amoureux de la limpidité du langage se méfieront de cette siglomanie. Mais que peuvent-ils contre les acronymes, surtout quand ceux-ci ne sont plus perçus comme tels? Inutile donc de rejeter le sigle

PAO s'il est acclimaté. Les anglicismes posent des problèmes analogues. D'ailleurs, une de leurs voies de pénétration dans le français est la siglaison. Combien, parmi ceux qui utilisent *spoule* ou *spool* en français, savent qu'il s'agit d'un acronyme en anglais: *S.P.O.O.L.*, c'est-à-dire *Simultaneous Peripheral Options On-Line* ? Dans les temps héroïques de l'éditique, on a pu lire l'expression *le desktop publishing* dans un excellent magazine scientifique français. En anglais, l'abréviation courante de *desktop publishing* est *DTP*. Eh bien, nous avons entendu, à Montréal, quelqu'un parler, en français, de *ditipi*. Ce sont de tels emprunts, opaques en français, qu'un dictionnaire comme le nôtre peut aider à éviter.

Vis-à-vis de ces sigles ou anglicismes, *éditique* a l'air plus français (par sa structure syllabique, son radical, sa terminaison, toute la grande famille de mots bien français à laquelle il appartient). C'est toutefois un néologisme, et pourquoi inventer un terme quand on a déjà la possibilité de construire *édition électronique* et autres mots composés, dont l'avantage est d'être plus explicites? (Saussure aurait dit plus «motivés».) Notons que *éditique* rime avec nombre de mots dénotant des domaines liés à l'informatique ou d'autres domaines de pointe: *informatique* lui-même, *automatique, bureautique, robotique, télématique, cybernétique* – passé de mode, il est vrai –, *domotique, terminotique, traductique,* etc. On peut voir un atout dans la constitution de cette famille assez homogène de mots en *-tique*, à moins qu'on ne soit de ceux qu'irrite la néologie des nouveaux lettrés. Quoi qu'il en soit, *éditique,* outre sa brièveté, présente l'avantage certain de servir de base aux dérivés utiles *éditicien, éditicienne,* potentiel que n'ont pas les noms composés comme *édition assistée par ordinateur.*

Après le mot *éditique*, la chose. Ce qui actuellement semble être le coeur de l'éditique est l'utilisation de l'ordinateur pour la typographie, le graphisme et la mise en pages (le graphisme par ordinateur est généralement appelé *infographie*). Ces trois ensembles de tâches étaient déjà accomplis par l'édition traditionnelle, avant d'utiliser l'informatique. Une bonne partie des termes courants en éditique viennent donc directement de l'admirable tradition des mé-

tiers de l'édition, des typographes et des graphistes. On trouvera ce vocabulaire dans le présent ouvrage.

Qu'en est-il des rapports entre traitement de texte et éditique? On a pu commencer à parler de traitement de texte quand, à la dactylographie ordinaire, l'ordinateur a ajouté de la mémoire, permettant ainsi de modifier (effacer et déplacer, couper-coller, etc.) du texte déjà dactylographié. Or, il y a nécessairement une (re)mise en pages, au moins élémentaire, chaque fois qu'on modifie un «bloc» de texte. En ce sens, c'est déjà de l'éditique. On pourra rétorquer que certaines opérations ne méritent pas le nom d'éditique (comme couper et coller du texte), tandis que d'autres dépassent les capacités du traitement de texte (comme l'habillage des illustrations ou le graphisme). Mais qu'en est-il, par exemple, de la gestion des colonnes multiples? Traitement de texte ou éditique (si on prend chacun de ces deux termes dans un sens étroit)?

Il est toujours loisible de décider – arbitrairement, même – d'une réponse à une question de ce genre. Ce qui nous paraît plus important est de refléter, au plus serré, les usages des praticiens. Dans le haut de gamme, les logiciels encore appelés de traitement de texte – ils ne prétendaient pas faire plus au début – mordent maintenant largement sur le «territoire» des logiciels de mise en pages. Au moment même où nous écrivons, dans les manuels avancés sur *WordPerfect* pour IBM et compatibles et dans ceux qui portent sur *Word* pour Macintosh, il est très clairement indiqué comment faire de l'éditique avec ces logiciels. Plusieurs ouvrages l'annoncent d'ailleurs dans leur titre. Étant donné le progrès incessant de la technologie et la hausse concomitante des exigences des usagers, ceux-ci ne se limitent plus au traitement de texte traditionnel; ils se lancent dans des activités éditiques plus variées. Dans le présent dictionnaire, nous avons donc considéré que le traitement de texte fait partie de l'éditique.

Observons à cet égard ce qui s'est passé pour la hiérarchie entre *ordinateurs centraux (mainframe computers), mini-ordinateurs (minicomputers)* et *micro-ordinateurs (microcomputers),* qui semblait essentielle il y a quelques années.

Aujourd'hui, il y a toujours au sommet de l'échelle, les ordinateurs centraux, les gros ordinateurs, mais ceux-ci sont devenus beaucoup plus puissants qu'avant. Des mini-ordinateurs on n'en entend plus guère parler en tant que tels. Certaines tâches qui leur semblaient réservées sont maintenant routine pour les micro-ordinateurs: en fait, ces derniers peuvent maintenant accomplir des tâches qui, il y a quelques années, nécessitaient les plus puissants des ordinateurs centraux. Et l'échelle des ordinateurs s'est peuplée vers le bas, ou plutôt, du côté des petites tailles. La rage est maintenant aux ordinateurs portatifs *(laptop computers)*, voire aux ordinateurs de poche *(pocket* et *palm top computers)*.

Cet allongement de l'échelle des ordinateurs «vers le bas» a son importance pour la terminologie même de l'éditique. D'aucuns voulaient naguère réserver le terme *éditique* pour traduire l'américain *desktop publishing,* c'est-à-dire, mot à mot, l'édition qu'on peut faire sur son bureau, avec un micro-ordinateur (le mini-ordinateur était déjà trop gros pour le bureau). À proprement parler, *desktop publishing* est donc bien traduit par *micro-édition* (ou *micro-éditique,* pour ceux qui pensent que la rime en *-tique* est valorisante). On voit pourquoi nous ne tenons pas à ce que *éditique* soit l'équivalent de *desktop publishing.* L'éditique ou édition électronique peut se faire, en principe, sur n'importe quel type d'ordinateur, même si, pratiquement, le micro-ordinateur y suffit de nos jours.

C'est aux auteurs de manuels ou d'articles de périodiques qui se présentent eux-mêmes comme faisant de l'éditique, ou en anglais! du *desktop publishing,* que nous avons emprunté le vocabulaire. Nous avons certes scrupuleusement dépouillé aussi la Banque de terminologie du Québec. Cependant, nous ne nous sommes pas limités à retenir comme relevant de l'éditique les termes reconnus comme tels par un organisme officiel (et nous n'en avons pas toujours retenu les traductions). Nous avons, avant tout, compulsé les ouvrages récents et actuels ainsi que les magazines courants – en anglais et en français – consacrés à l'édition électronique. La bibliographie sélective placée à la fin du

présent ouvrage fournit un échantillon de notre bibliographie de travail. Nombre des ouvrages – surtout les américains – que nous avons dépouillés contiennent un glossaire. Quand un terme revenait glossaire après glossaire, dans les travaux spécialisés, nous avons estimé devoir l'entrer, le traduire et le placer dans le réseau analogique de notre dictionnaire, car c'est à ce terme-là que l'éditicien risque de faire face, et c'est ce terme dont il veut connaître l'équivalent.

Bien sûr, pour faire de l'éditique (en français ou en anglais), il faut aussi connaître « la langue commune » (française ou anglaise), ainsi que la terminologie générale de l'informatique appliquée. Nous n'avons pas pour autant retenu les termes appartenant à ce « vocabulaire commun » – sinon tout dictionnaire spécialisé ne serait qu'un crypto-dictionnaire général. De plus, nous avons été très réticents au sujet du « vocabulaire général de l'informatique appliquée ». Ainsi, on ne trouvera pas *bit* dans notre dictionnaire (même s'il figure dans d'autres ouvrages lexicographiques ou glossaires consacrés à l'éditique).

L'analyse des termes et la structure des rubriques

Notre ouvrage contient d'abord l'information que l'on trouve dans un **lexique anglais-français** et dans un **lexique français-anglais**. Il retient plus de 2 200 termes vedettes anglais et plus de 2 100 entrées françaises. Sauf en de très rares exceptions, tous les termes, vedettes, traductions et termes analogiques, sont attestés. Nous en avons les sources précises dans un fichier, dont la nomenclature est d'ailleurs nettement plus étendue que celle du présent dictionnaire. Que nous n'ayons inventé que très peu de traductions ne signifie pas, bien sûr, qu'il nous ait suffi de copier celles de nos prédécesseurs. Même quand nous avons pu trouver dans la documentation des équivalents d'une langue à l'autre, nous avons évalué ces traductions (et avons parfois dû les rejeter). Dans la plupart des cas, de toute façon, c'est nous qui avons couplé le terme français et le terme anglais équivalents, à partir des définitions ou des

descriptions fournies par nos sources. Ce couplage a été rendu plus difficile par la variation terminologique d'un auteur ou d'un système à un autre: ainsi dans le vocabulaire de la typographie (pour les noms des divers types de caractères, ou les différentes graisses de caractères, par exemple).

Toutefois, notre ouvrage est bien plus qu'un simple lexique, ne se limitant pas à fournir la traduction des termes vedettes. D'abord, il indique la **catégorie syntaxique** de chaque terme: *N* (= nom), *V* (= verbe) ou *A* (= adjectif). Ceci est utile surtout pour l'anglais, où la transposition de catégorie entre le nom et le verbe est assez fréquente: voyez par exemple les différents mots *cut*. Pour le français, nous avons trouvé utile d'indiquer le genre des noms: *f* pour féminin, *m* pour masculin. Quand le nom vedette est au pluriel, nous avons ajouté la mention *pl* après l'abréviation *N*. Toujours après *N, pr* indique qu'il s'agit d'un nom propre.

C'est par sa partie **analogique** que notre ouvrage se distingue le plus nettement des dictionnaires bilingues ordinaires. Pour chaque terme vedette nous indiquons, le cas échéant, d'autres termes qui ont une parenté de sens avec lui. (Pour les entrées anglaises, les termes liés sur le plan sémantique se trouvent dans la partie anglais-français; pour les entrées françaises, dans la partie français-anglais.) En fait, nous précisons, de façon plus poussée que la plupart des ouvrages lexicographiques, de quelle relation sémantique il s'agit.

On trouve d'abord des **synonymes**. Si on considère que la synonymie est une identité de sens entre des termes, elle doit être une relation transitive: si *A* est synonyme de *B*, et *B* est synonyme de *C*, alors *A* est aussi synonyme de *C*. La transitivité de la synonymie nous permet, pour un ensemble de termes synonymes, de fournir une seule traduction. On la trouve au terme de base, lequel est le terme le plus attesté ou encore celui que nous avons prévilégié. Par transitivité, cette traduction vaut pour tous ses synonymes, et pour ceux-ci il n'est fait qu'un renvoi au terme de base. Ainsi, lorsqu'un mot vedette n'est pas traduit, il est suivi immédiatement de *Syn.*, abréviation elle-même suivie du synonyme; c'est sous

ce synonyme qu'il faut chercher la traduction du mot vedette. (Nous avons utilisé le même système de renvois quand il y a une entrée séparée pour chaque variante d'un terme.) Ainsi, dans la partie anglais-français, sous **vortex** il n'y a pas de traduction française, seulement la mention «*Var.*: vertex». C'est sous **vertex** qu'on trouve la traduction française – qui est aussi «vertex»!

Malheureusement pour l'uniformité, mais tant mieux pour la commodité, nous n'avons pas toujours utilisé la transitivité au maximum. Il y a des synonymes pour lesquels nous avons fourni une traduction distincte à chacun. Ainsi en est-il de certains synonymes référentiels, mais qui peuvent avoir des connotations différentes ou exprimer des points de vue différents. Par exemple, nous gardons deux rubriques distinctes complètes pour les paires de synonymes *upright format – format en hauteur* et *portrait format – format portrait,* même si ces quatre termes désignent la même chose, car ils expriment cette réalité différemment.

Des synonymes, nous distinguons les **quasi-synonymes**. Beaucoup de travaux lexicographiques ne font pas cette distinction. Ainsi, ils présentent *référence* et *renvoi* comme synonymes de *note en bas de page,* ce qui n'est pas nécessairement le cas. Il y a pourtant assez de similitude de sens – et pas du type de l'hyponymie, de l'antonymie, ni de la partonymie, dont on va parler tout de suite – pour une quasi-synonymie, mais pas assez pour la synonymie «complète». (En pratique, la distinction n'est pas toujours facile à faire.)

Les dictionnaires analogiques traditionnels indiquent aussi les «**antonymes**» du terme de base: ainsi en est-il du Grand Robert. Il est bien connu en lexicologie que le mot *antonymie* (et *antonyme*) recouvre des notions diverses selon les auteurs ou hétérogènes (chez le même auteur). Ce n'est pas le lieu de faire une revue de la littérature à ce sujet. Renvoyons seulement aux ouvrages de Lyons, *Sémantique,* Larousse, 1980; 1re édition: 1977, et de Cruse, *Lexical Semantics,* Cambridge University Press, 1986. Cependant il peut être utile de montrer l'hétérogénéité du concept d'antonyme quand on lui donne sa plus grande extension,

comme le fait le *Grand Robert* – et comme nous le faisons ici.
Prenons donc nos propres exemples. Notre abréviation *Ant.*
présente, en anglais comme en français,

a) un contradictoire du terme d'entrée: *page impaire* vs *page
   paire* (il n'y a pas de troisième possibilité: une page doit
   être paire ou impaire);

b) un contraire du terme d'entrée: on peut ranger dans cette
   classe les antonymes de degré, par exemple les différentes échelles de termes désignant la graisse des caractères: angl. *thin* < *extra light* < *light* < *book* < *medium* <
   demi bold < *bold* < *heavy* < *ultra* < *black*;

c) un opposé de direction: *justifié à droite* contre *justifié à
   gauche*; *right-justified* contre *left-justified*; *talus de tête*
   contre *talus de pied*;

d) un converse: *hyponyme* et *hyperonyme* (si on nous auto-
   rise à utiliser comme exemples des termes de notre
   métalangage, que nous allons expliquer bientôt): si *A* est
   hyponyme de *B,* alors *B* est hyperonyme de *A,* et récipro-
   quement.

Nous avons finalement décidé de ne pas faire ici ces distinctions dans la classe traditionnelle des antonymes.
Rappelons en effet que notre dictionnaire ne s'adresse pas
aux lexicologues en tant que tels, mais plutôt aux éditiciens,
professionnels ou non, c'est-à-dire à un public large. Ce qui
est important pour ce genre d'usager n'est pas tant la subtilité
sémantique que le fait d'établir des liens de sens entre les
termes.

Notre ouvrage innove relativement aux dictionnaires courants en notant une autre relation sémantique: celle
d'**hyponymie**. Cette relation est l'expression lexicale de la
relation traditionnelle de genre à espèce. Un terme *A* est un
hyponyme d'un terme *B* lorsqu'on peut dire que *A* est une
sorte de *B*. Inversement, *B* est, dans ce cas, hyperonyme de
A. Ainsi, *veuve* et *orphelin* sont hyponymes de *ligne creuse*
(et *widow* et *orphan,* hyponymes de *tag ends*). Inversement,
ligne creuse et *tag ends* sont les hyperonymes des autres
termes de la liste.

On confond parfois la **partonymie** (ou méronymie), avec
l'hyponymie. Pourtant, le terme *partonyme* est très clair, en

dépit de sa terminaison savante. *A* est un partonyme de *B* s'il désigne une partie de la réalité désignée par *B*. Les documents, les caractères, les logiciels – et toutes les autres notions relevant de l'éditique – peuvent être divisés en parties, lesquelles sont désignées par des termes appropriés: des partonymes. Ainsi *title page, abstract, acknowledgment, copyright, dedication, foreword, frontispiece, half-title page, introduction, preface, table of contents, table of illustrations, table of tables* sont des partonymes de *front matter*. Ou, plus brièvement, *jambage descendant* est partonyme de *lettre* et, en anglais, *descender,* dans un de ses sens, est partonyme de *letter*.

On s'habitue très vite à cette terminologie sémantique, peut-être rébarbative au premier abord. En tout cas, elle présente le grand avantage d'expliciter les relations sémantiques, lesquelles fournissent l'essentiel du sens des termes. Les définitions, qu'on trouve dans les dictionnaires unilingues, sont généralement des paraphrases ou des développements de ces relations. En effet, ces dictionnaires se limitent souvent à donner un synonyme du terme d'entrée, ou ils disent que celui-ci *(X)* est une sorte de *Y* (relation d'hyponymie), qui n'est pas un *Z* (relation d'antonymie); ou encore que *X* désigne une partie de *W* (relation de partonymie): *jambage descendant = partie d'une lettre.* Cela pourrait être un exercice amusant pour le lecteur de formuler une définition pour les termes d'entrée de notre dictionnaire à partir de l'information sémantique que nous offrons.

Le présent dictionnaire **décrit les usages**, dans leur diversité, plus qu'il ne les prescrit. Cela ne signifie pas que nous placions sur le même plan toutes les expressions ou relations de sens attestées. Le choix d'un terme vedette plutôt que d'un autre indique parfois nos préférences. N'empêche que nous acceptons largement le vocabulaire utilisé par les éditiciens. Nous signalons rarement, pour le français, des anglicismes, des pléonasmes et d'autres formes à déconseiller.

Remerciements

Notre recherche a pu démarrer grâce à une subvention de l'Office de la langue française. Au début de notre travail, Mme Denise Daoust nous a fourni de l'information détaillée et Mme Carmen Campbell nous a beaucoup aidés dans notre recherche bibliographique. Nous avons eu aussi d'instructives conversations avec M. Pierre Marchand, ainsi qu'avec Mmes Nada Kerpan et Anne Boisvert. À l'UQAM, M. Victor Rosilio, directeur du Service de reprographie, a mis à notre disposition beaucoup de documentation écrite sur l'éditique; Clémence Préfontaine, professeur au Département de linguistique, nous a rendu service avec son efficacité coutumière. Nous remercions aussi M. Jean-Claude Rondeau, actuellement Président de l'Office de la langue française, et M. Guy Dumas, actuellement Secrétaire par intérim à la politique linguistique. Ce dernier a compris l'intérêt de notre recherche et nous a appuyés concrètement et efficacement. Privés de moyens financiers nécessaires à l'accomplissement de notre recherche, il nous aurait été impossible de terminer notre travail sans son intervention. C'est M. Claude Ryan, ministre responsable de l'application de la Charte de la langue française, qui nous a accordé la subvention nécessaire. Merci enfin au Comité d'aide à la publication de l'UQAM pour son aide financière.

Il reste que le présent travail a été accompli entièrement par les deux auteurs, sans aide secrétariale, et sous de fortes contraintes financières et logistiques. Malgré nos soins tatillons, il a donc pu s'y glisser quelques imperfections. De toute façon, nous avons l'intention de publier des mises à jour du présent dictionnaire, ce qui nous sera facilité par l'informatisation intégrale de notre fichier. Nous serons donc reconnaissants pour toutes les suggestions d'amélioration qu'on voudra bien nous faire. On est prié de les transmettre à l'adresse suivante:

Paul Pupier
Département de linguistique
Université du Québec à Montréal
C. P. 8888, Succursale A, Montréal (Québec) H3C 3P8
Télécopieur: (514) 987- 4652

ABRÉVIATIONS

A: .... adjectif
Abrév.: .... abréviation(s)
Adv.: .... adverbe
Ant.: .... antonyme(s)
Cf.: .... voir (aussi)
f: . ... féminin
Hyperon.: .... hyperonyme(s)
Hypon.: .... hyponyme(s)
m: . ... masculin
N: .... nom
N pr: .... nom propre
N pl: .... nom pluriel
Parton.: .... partonyme(s)
Quasi-syn.: .... quasi-synonyme(s)
Syn.: .... synonyme(s)
V: .... verbe
Var.: . ... variante(s)

& N f
&
Abrév. de perluète.

2,5D A
2.5D
Var.: 2,50D; 2 1/2D.
Abrév. de à 2,5 dimensions.

A

à 2,5 dimensions A
two-and-a-half dimensional
Abrév.: 2,5D.

à deux dimensions A
Syn.: bidimensionnel.

à fond perdu (être) N
bleed

à l'italienne (format/impression/orientation/page) A
landscape (format/printing/
orientation/page)
Syn.: en largeur; paysage.
Ant.: à la française.
Anglicisme: landscape (format).

à la française (format/impression/orientation/page) A
portrait (format/printing/
orientation/page)
Syn.: en hauteur; portrait.
Ant.: à l'italienne.

à maintenir A
Syn.: bon (texte).

à mémoire à points A
bit-mapped

à ton continu A
continuous tone

à trois dimensions A
Syn.: tridimensionnel.

abandon de trait d'union N m
hyphen drop

abeilles N f pl
Syn.: traits de coupe.

accent N m
accent

accent flottant N m
floating accent
Syn.: accent séparé.

accent séparé N m
Syn.: accent flottant.

**accentuation des
contrastes N f**
contrast enhancement
Syn.: amélioration des contrastes.

accolade N f
brace

achromatique A
achromatic

**adaptateur d'affichage
monochrome N m**
monochrome display adapter
Syn.: carte MDA.

**adaptateur d'amélioration de
graphiques N m**
enhanced graphics adapter

**adaptateur graphique
couleur N m**
color graphics adapter
Syn.: carte CGA.

aérographe (électronique) N m
air brush

affichage (à l'écran) N m
(screen) display
Syn.: image-écran; visualisation.

affichage d'exposants *N m*
superscript display

affichage d'indices *N m*
subscript display
Pléonasme: affichage d'indices
inférieurs.

affichage de l'espacement des caractères *N m*
character spacing display
Syn.: espacement des caractères à
l'écran.

affichage de l'interlignage *N m*
line spacing display

affichage (de la) couleur *N m*
color display

affichage de la page *N m*
page display

affichage de la trame *N m*
raster display

affichage des caractères à l'écran *N m*
character display

affichage des codes de commande *N m*
control code display

affichage des marges *N m*
margin display

affichage des paramètres de disposition *N m*
Syn.: affichage des paramètres de
présentation.

affichage des paramètres de présentation *N m*
format display
Syn.: affichage des paramètres de
disposition.

affichage écran *N m*
Syn.: copie sur écran.

affichage en colonnes *N m*
multicolumn page display
Syn.: affichage multicolonne.

affichage en justifié *N m*
justification display

affichage en mode point *N m*
bit mapped display
Syn.: affichage par points.

affichage en négatif *N m*
Syn.: vidéo inverse.

affichage en souligné *N m*
underscore display

affichage entrelacé *N m*
interlaced display

affichage monochrome *N m*
monochrome display

affichage multicolonne *N m*
Syn.: affichage en colonnes.

affichage non rémanent *N m*
volatile display

affichage par points *N m*
Syn.: affichage en mode point.

affichage simultané *N m*
simultaneous display

afficher *V*
view

agrandir *V*
blow up
Ant.: réduire.

agrandissement *N m*
blowup

agrandissement de caractères *N m*
character magnification

ajustement automatique de ligne creuse *N m*
automatic widow adjust
Hyperon.: ajustement de ligne creuse.

ajustement de fin de ligne *N m*
line-ending adjustment

ajustement de la chasse *N m*
set width adjustment

ajustement de ligne
creuse *N m*
widow adjust
> *Hypon.:* ajustement automatique de
> ligne creuse.

ajustement des marges *N m*
margin adjust
> *Hypon.:* modification automatique de
> marge.

algorithme d'anti-
crénelage *N m*
anti-aliasing algorithm

algorithme de coupure
automatique *N m*
hyphenation algorithm
> *Syn.:* algorithme de coupure
> préférentielle.

algorithme de coupure
préférentielle *N m*
> *Syn.:* algorithme de coupure
> automatique.

aliasage (effet d') *N m*
> *Syn.:* crénelage (effet de).

aliasing (effet d') *[emprunt à*
l'anglais] *N m*
> *Syn.:* crénelage (effet de).

aligné *A*
> *Syn.:* au fer.

aligné à droite *A*
> *Syn.:* au fer à droite.

aligné à gauche *A*
> *Syn.:* au fer à gauche.

alignement à droite
(fonction d') *N m*
flush right (feature)
> *Syn.:* cadrage à droite.
> *Quasi-syn.:* fer à droite.

alignement à gauche
(fonction d') *N m*
flush left (feature)
> *Syn.:* cadrage à gauche.
> *Quasi-syn.:* fer à gauche; justifica-
> tion en drapeau.

alignement centré *N m*
> *Syn.:* centrage par rapport à un
> point (du texte).

alignement décimal *N m*
> *Syn.:* tabulation décimale.

alignement des
majuscules *N m*
capital line

alignement des
supérieures *N m*
> *Syn.:* alignement supérieur des
> hampes.

alignement en pied *N m*
> *Syn.:* alignement horizontal.

alignement horizontal *N m*
base alignment
> *Syn.:* alignement en pied.

alignement inférieur des
hampes *N m*
descender line

alignement supérieur des
hampes *N m*
ascender line
> *Syn.:* alignement des supérieures.

alignement vertical *N m*
vertical alignment

aligner à droite *V*
align right
> *Ant.:* aligner à gauche.

aligner à gauche *V*
align left
> *Ant.:* aligner à droite.

aligner au centre *V*
align center

aligner (sur) *V*
align (against)
> *Syn.:* cadrer (sur); effectuer la
> tabulation (sur).

alinéa *N m*
indent (1)
> *Syn.:* renfoncement (d'une ligne);
> rentrée; retrait.
> *À déconseiller:* indentation.

alinéa à fleur de marge *N m*
flush paragraph
Syn.: paragraphe carré; paragraphe
sans alinéa.

allée *N f*
alley
Syn.: blanc intercolonnes.

allongé (caractère)
Syn.: étroit (caractère).

alphanumérique *A*
alphanumeric(al)

**amélioration des
contrastes** *N f*
Syn.: accentuation des contrastes.

ancrage *N m*
anchoring

ancrer *V*
anchor

angle arrondi *N m*
rounded corner
Syn.: coin arrondi.

annexes *N f pl*
backmatter
Syn.: conclusions.

annoter *V*
annotate

annuler (1) *[une opération en
cours]* *V*
cancel

annuler (2) *V*
Syn.: défaire.

anti-crénelage *N m*
anti-aliasing

antique *N f*
grotesque (type)
Syn.: (caractère) bâton; caractère
sans empattement; grotesque.

aperçu avant impression *N m*
Syn.: prévisualisation.

apex (d'un caractère) *N m*
apex (of a character)
Quasi-syn.: racine; tête.

aplat couleur *N m*
tint block
Quasi-syn.: cliché couleur.

aplati (caractère) *A*
bottle-necked (type)
Syn.: écrasé (caractère).
Ant.: évasé (caractère).

appel (de note) *N m*
reference mark
Syn.: signe de référence; (signe de)
renvoi; pied de mouche.
Quasi-syn.: renvoi de note.
Hyperon.: (signe de) renvoi.

**appel de note de bas de
page** *N m*
footnote callout

application graphique *N f*
graphics application

appliquer des légendes *V*
labelling graphics

approche *N*
escapement
Syn.: talus d'approche; talus latéral.

appuyé à droite *A*
Syn.: au fer à droite.

appuyé à gauche *A*
Syn.: au fer à gauche.

arc *N m*
arc

arrêt en fin de page *N m*
end-of-page stop

**arrêt momentané
d'impression** *N m*
pause print

article encadré *N m*
Syn.: encadré.

ascendant *N m*
Syn.: jambage ascendant.

ascendante (1) *N f*
Syn.: jambage ascendant.

ascendante (2) *N f*
Syn.: lettre ascendante.

ASCII (code/format) *N m*
ASCII (code/format)

aspect général *N m*
Syn.: format.

assemblage *N m*
collating

assemblage automatique des documents *N m*
document assembly/merge

assemblé *A*
assembled (view)

assembler *V*
collate

astérisque *N m*
asterisk

attribut *N m*
attribute

attribut de visualisation *N m*
display attribute
Syn.: attribut vidéo.

attribut vidéo
Syn.: attribut de visualisation.

au fer *A*
flush
Syn.: aligné; sans alinéa; sans renfoncement.

au fer à droite *A*
flush right
Syn.: aligné à droite; appuyé à droite; cadré à droite; justifié à droite.
Ant.: au fer à gauche.

au fer à gauche *A*
flush left
Syn.: aligné à gauche; appuyé à gauche; cadré à gauche; justifié à gauche.
Ant.: au fer à droite.

avance rapide *N f*
fast forward

Avant-garde *N pr*
Avant Garde
Var.: Avant Garde.

avant-titre *N m*
Var.: avant titre.
Syn.: faux titre.

B

B-spline *N f*
Abrév. de courbe B-spline.

babillard *N m*
Syn.: presse-papier.

balai de lecture *N m*
brush (3)
Quasi-syn.: balai; brosse de lecture.

balayage au vol *N m*
flying-spot scan
Syn.: balayage point par point.

balayage cavalier *N m*
directed-beam scan

balayage électronique *N m*
scanning

balayage entrelacé *N m*
interlaced scan

balayage laser à plat *N m*
flatbed laser scanning

balayage ligne par ligne *N m*
Syn.: balayage récurrent.

balayage point par point *N m*
Syn.: balayage au vol.

balayage récurrent *N m*
raster scan
Syn.: balayage ligne par ligne; balayage télévision.

balayage télévision *N m*
Syn.: balayage récurrent.

balayer *V*
scan

balayer ligne par ligne V
raster-scan

balayeur optique N m
Syn.: scanner.

balisage de texte N m
text tagging

balise (typographique) N f
tag
Terme trop général: étiquette.

balle pointeuse N f
Syn.: boule (roulante).

banc de photogravure N m
process camera

**bande au kilomètre (non
justifiée)** N f
idiot tape

bandeau N m
headband

barre N f
Syn.: transverse.

barre de fraction N f
shill(ing) mark

barre de menu N f
menu bar

barre oblique N f
slash

bas de casse N m
*Le terme tire son origine de la
composition typographique manuelle.*
Syn.: minuscule (caractère/lettre).

bas (de page) N m
bottom (of a page)
Syn.: pied de page.

basculer V
toggle (1)

**base de données
graphiques** N f
graphics data base

Baskerville N pr
Baskerville

basse définition N f
low resolution
Syn.: basse résolution *[courant mais
rejeté par certains en tant
qu'anglicisme]*
Ant.: haute définition.

basse résolution *[anglicisme
courant]* N f
Cf. basse définition.

bassin N m
Syn.: évidement fermé.

bec N m
beak

belle page N f
recto
Syn.: page impaire; recto.

benday N m
Benday process

bibliothèque N f
library

bibliothèque d'exemples N f
boilerplate library

**bibliothèque
d'illustrations** N f
image library
Syn.: bibliothèque d'images.

bibliothèque d'images N f
Syn.: bibliothèque d'illustrations.

**bibliothèque de paragraphes
standard** N f
boilerplate paragraphs library

bichromie N f
two-color (process) printing

bidimensionnel A
two-dimensional
Syn.: à deux dimensions; en deux
dimensions.

biffage N m
strikethrough

biseauté (extrémité d'une ligne) *A*
beveled (line ending)

bit par pixel *N m*
bit per pixel

bitmap *N m*
Var.: bit-map.
Syn.: mode point.

blanc *N m*
air

blanc d'empagement *N m*
Syn.: marge.

blanc de couture *N m*
Syn.: marge intérieure.

blanc de dos *N m*
Syn.: marge intérieure.

blanc de grand fond *N m*
Syn.: marge extérieure.

blanc de pied *N m*
bottom margin
Syn.: marge basse; marge de pied;
marge du bas; marge inférieure.

blanc de tête *N m*
Syn.: marge supérieure.

blanc de tête de chapitre/de tête de page *N m*
sinkage

blanc insécable *N m*
Syn.: espace insécable.

blanc intercolonnes
Syn.: allée; gouttière (2).

blanc(s) pur(s) *N m (pl)*
highlight

blanc vertical *N m*
gutter (3)
Syn.: cheminée; rue; ruelle.
Quasi-syn.: blanc transversal;
colombier; couloir.

bloc (de texte) *N m*
block (1)
Syn.: bloc texte.

bloc image *N m*
image block

bloc marqué *N m*
marked block

bloc texte *N m*
copy block

bloc-générique *N m*
masthead
Syn.: générique.

Bodoni *N pr*
Bodoni

boîte *N f*
box (2)
Quasi-syn.: cadre.

boîte à outils *N f*
toolbox

boîte de dialogue *N f*
Syn.: fenêtre de dialogue.

boîte de texte *N f*
box text

bon à tirer *N m*
press proof(s)
Syn.: épreuve (sur) machine.

bon (texte) *A*
stet
Syn.: à maintenir.

Bookman *N pr*
Bookman

bouche-trou *N m*
filler

bouclage de mots *N m*
Syn.: renouement de mots.

boule *N f*
ball
Parton. de lettre.

boule (roulante) *N f*
trackball
Syn.: balle pointeuse.

bouton d'ajout *N m*
addition button

8 LE DICTIONNAIRE PRATIQUE DE L'ÉDITIQUE

brosse de lecture *N f*
Syn.: balai de lecture.

brouillon *N m*
draft (copy)

buffer de profondeur *N m*
z buffer

bulle *N f*
balloon (1)

C

C *N m*
C
Abrév. de Caractère.

cadrage à droite *N m*
Syn.: alignement à droite.

cadrage à gauche *N m*
Syn.: alignement à gauche.

cadrat *N m*
quadrat
Syn.: cadratin.

cadratin *N m*
em
*En PAO, ce sont le point et le pica
qui sont le plus fréquemment utilisés
comme unités de référence. Un*
cadratin *de corps 9 a une chasse de 9
points.*
Syn.: cadrat.

cadratinage *N m*
quadding

cadre *N m*
frame
Syn.: réserve.
Quasi-syn.: boîte.

cadré à droite *A*
right justified
Syn.: au fer à droite.

cadré à gauche *A*
left justified
Syn.: au fer à gauche.

cadre en surimpression *N m*
forms overlay.

cadrer (sur) *V*
Syn.: aligner (sur).

cahier *N m*
signature
Syn.: exemplaire plié.

calage *N m*
snap-to
Syn.: réglure magnétique.

calcul *N m*
calculation

calculs dans le texte *N m pl*
text calculation

caler *V*
snap

calibrage (de la copie) *N m*
copy fitting
Quasi-syn.: compte des caractères;
estimation (de la copie);
évaluation (de la copie).

calque *N m*
overlay

camembert *N m*
Syn.: graphique circulaire.

caméra vidéo (de saisie) *N f*
video camera

CAO *N f*
CAD (1)
Abrév. de Conception Assistée par
Ordinateur.

capitale *N f*
capital
Syn.: majuscule (caractère/lettre).

**capitales et petites
capitales** *N f pl*
capitals and small capitals
Syn.: grandes et petites capitales.

capture d'image vidéo *N f*
video-grabbing

caractère *N m*
character

caractère à matrice de point(s) *N m*
dot-matrix character

caractère accentué *N m*
accented character

(caractère) bâton *A*
Syn.: antique.

caractère courant *N m*
Syn.: caractère de labeur.

caractère de labeur *N m*
body type
Var.: caractère labeur.
Syn.: caractère courant.

caractère de remplacement *N m*
wild card (character)
Syn.: caractère joker.
Quasi-syn.: caractère de troncation.

caractère digitalisé *[anglicisme courant] N m*
Cf. caractère numérisé.

caractère gothique *N m*
gothic face
Quasi-syn.: caractère allemand.

caractère graphique *N m*
graphics character

(caractère) gras *N m*
boldface (character)

caractère joker *N m*
Syn.: caractère de remplacement.

caractère labeur *N m*
Var.: caractère de labeur.

caractère numérique *N m*
numeric character

caractère numérisé *N m*
digitized type
Anglicisme: caractère digitalisé.

caractère sans empattement *N m*
Syn.: antique.

caractère spécial *N m*
additional character

caractère vectorisé *N m*
vector type
Syn.: fonte vectorielle.

caractères à l'encre magnétique *N m pl*
magnetic ink characters

caractères à la seconde *N m pl*
Syn.: caractères par seconde.

caractères d'affiche *N m pl*
Syn.: caractères de titrage.

caractères d'écran *N m pl*
Syn.: police d'écran.
Ant.: caractères d'impression.

caractères d'impression *N m pl*
printer font
Ant.: caractères d'écran.

caractères de casseau *N m pl*
pi characters

caractères de titrage *N m pl*
display type
Syn.: caractères d'affiche; caractères de titre(s).

caractères de titre(s) *N m (pl)*
Syn.: caractères de titrage.

caractères de transfert *N m pl*
transfer type

caractères élite *N m pl*
elite type
Ant.: caractères pica.

caractères en mode point *N m pl*
bit-mapped characters

caractères noir au blanc *N m pl*
reverse(d) type

caractères par ligne *N m pl*
characters per line

caractères par pica *N m pl*
characters per pica

caractères par pouce *N m pl*
characters per inch

caractères par seconde *N m pl*
characters per second
   Abrév.: car/s; CPS.
   Syn.: caractères à la seconde;
    caractères/seconde.

caractères pica *N m pl*
pica type
   Ant.: caractères élite.

caractères
proportionnels *N m pl*
proportional characters

caractères
supplémentaires *N m pl*
extended characters

caractères symétriques en
miroir *N m pl*
reflected type

carré de recadrage *N m*
frame handle

carte CGA *N f*
CGA
   Syn.: adaptateur graphique couleur.

carte contrôleur d'écran *[à*
déconseiller] *N f*
   Syn.: carte de contrôle d'écran.

carte de contrôle d'écran *N f*
screen-controller board
   Syn.: carte contrôleur d'écran.

carte graphique *N f*
graphics board

carte MDA *N f*
MDA
   Syn.: adaptateur d'affichage
    monochrome.

carte multifonction *N f*
multifunction board

carte vidéo *N f*
video board

cartouche de polices de
caractères *N f*
font cartridge

case de contrôle de taille *N f*
size box

case de dialogue *N f*
   Abrév.: case-dialogue.
   Syn.: fenêtre de dialogue.

case de sélection courante *N f*
current selection box

cellule d'échantillonnage *N f*
sampling cell

cellule de simili *N f*
halftone cell

centrage *N m*
centering
   Hypon.: centrage automatique.

centrage automatique *N m*
automatic centering
   Hyperon.: centrage.

centrage par rapport à un
point (du texte) *N m*
centering on a tab stop
   Syn.: alignement centré.

centré *A*
centered

centre déployé *N m*
   Syn.: double page.

centrer *V*
center

césure *N f*
hyphenation
   Syn.: coupure de(s) mot(s); coupure
    syllabique; division d'un mot.

césure automatique (fonction
de) *N f*
automatic hyphenation (feature)
   Syn.: coupure automatique de(s)
    mots; coupure syllabique
    automatique.
   Ant.: césure manuelle.

césure discrétionnaire N f
Syn.: césure préférentielle.

césure et justification N f
hyphenation and justification

césure logique N f
logic hyphenation

césure manuelle N f
Syn.: césure préférentielle.
Ant.: césure automatique.

césure paramétrable N f
adjustable hyphenation

césure préférentielle N f
discretionary hyphenation
Syn.: césure discrétionnaire; césure manuelle.

chaînage des colonnes N m
Syn.: enchaînement de(s) colonnes.

chaîne (de caractères) N f
string

chaîne de montage numérique N f
digital assembly line

chaîne de recherche N f
search string

changement d'échelle N m
scaling
Syn.: mise à l'échelle; transformation d'échelle; variation d'échelle.

changement de page conditionnel N m
conditional page break

changer d'échelle V
scale (1)

chapeau N m
heading (2)
Var.: chapô.

chapitre N m
chapter

chasse (d'un caractère) N f
set width
Syn.: largeur (d'un caractère).

chasser V
space out

cheminée N f
Syn.: blanc vertical; lézarde.

Chicago N pr
Chicago

chiffre N m
figure (1)
Quasi-syn.: nombre.

chiffre capitale N m
lining figure

chiffre de l'ancien style N m
old style figure

chiffre en exposant N m
superior figure

chiffre en indice N m
inferior figure

chiffres-références N m pl
callout

chiffrier (électronique) N m
Syn.: tableur (électronique).

cicéro N m
cicero
Un cicéro = 4,51 mm.
Syn.: douze.
Cf. pica.

citation hors texte N f
pull-out quote

Clarendon N pr
Clarendon

classification (typographique) N f
typeface classification

clavier programmable N m
programmable keyboard

clé de tri N f
sort key

clichage N m
platemaking
Syn.: clicherie.

cliché N m
Syn.: illustration (2).

cliché à ton continu N m
continuous tone negative

cliché du noir N m
black printer
Quasi-syn.: négatif du noir.

clicherie N f
Syn.: clichage.

clignotement N m
blinking

clôture N f
enclosure

coche N f
tick mark

code de composition N m
typesetting code

code de formatage N m
formatting code

**code de justification
forcée** N m
force-justify code

code de non-impression N m
print suppress code

code intégré N m
embedded code

codes de commande N m pl
control codes

codes de formatage N m pl
format codes

coin arrondi N m
Syn.: angle arrondi.

coin carré N m
squared corner
Ant.: angle arrondi.

coin en onglet N m
mitered corner

**collage électronique par
zones** N m
Syn.: composition par zones.

coller V
paste

coller avec lien V
paste link

colonne N f
column

colonne d'affichage N f
display column

colorier V
paint

COM N m
COM
Le sigle anglais signifie sortie
d'ordinateur sur microfilm.

commande d'impression N f
print command

**commande de mise en
pages** N f
formatting command

commande de recopie N f
print screen command

commande intégrée N f
Syn.: commande intercalaire.

commande intercalaire N f
embedded command
Syn.: commande intégrée.

commentaire N m
comment

compact A
set solid
Syn.: plein; sans interligner.

compatibilité ascendante N f
ascending compatibility
Syn.: compatibilité vers le haut.

compatibilité vers le haut N f
Syn.: compatibilité ascendante.

composer V
compose

composer en débord V
flush and hang

composeuse N f
typesetting machine

composeuse à accès direct N f
direct-entry typesetter
Syn.: composeuse directe.

composeuse au laser N f
laser typesetter

composeuse avec sortie sur film N f
film imagesetter

composeuse avec sortie sur papier ordinaire N f
plain-paper imagesetter

composeuse de quatrième génération N f
fourth-generation typesetter

composeuse de troisième génération N f
third-generation typesetter

composeuse directe N f
Syn.: composeuse à accès direct.

composeuse numérique N f
digitized typesetter

composition (1) N f
composition

composition (2) N f
Syn.: composition de page(s).

composition à distribuer N f
Syn.: matière morte.

composition assistée par ordinateur N f
computer-aided typesetting

composition assistée par ordinateur N f
Syn.: composition informatisée.

composition au carré N f
block composition

composition automatique N f
automatic typesetting
Syn.: composition par ordinateur.
Hyperon.: composition (1).

composition courante N f
Syn.: texte courant.

composition de page(s) N f
page composition (1)
Syn.: composition (2).

composition de texte N f
text composition

composition de texte en colonnes N f
Syn.: multicolonnage.

composition des titres N f
display work

composition directe N f
strike-on (typesetting)

composition en alinéa N f
indent composition
À déconseiller: justifié avec alinéa.

composition en débord N f
Syn.: composition en sommaire.

composition en excès N f
overset

composition en miroir N f
mirror-image page design

composition en pages N f
Syn.: composition par page.

composition en placards N f
galley composition

composition en sommaire N f
hanging indent
Syn.: composition en débord;
présentation en sommaire;
retrait négatif.
Quasi-syn.: alinéa en sommaire.

composition et mise en pages N f
composition and makeup

composition froide N f
Syn.: composition sans plomb.

composition informatisée N f
computer-aided composition
Syn.: composition assistée par ordinateur.

composition interlignée N f
leaded matter

composition justifiée N f
justified composition

composition lardée N f
mixed typesetting

composition laser N f
laser imagesetting

composition non justifiée N f
unjustified composition

composition numérique N f
digital typesetting

composition par ordinateur N f
computerized typesetting
Syn.: composition automatique.

composition par page N f
page composition (2)
Syn.: composition en pages.
Ant.: composition par zones.

composition par zones N f
area composition
Syn.: collage électronique par zones.
Ant.: composition par page.

composition passe-partout N f
boilerplate composition

composition sans plomb N f
cold type (composition)
Syn.: composition froide.

composition tabulaire N f
tabular composition

comptage des mots N m
word count

compte des caractères N m
character count
Quasi-syn.: calibrage (de la copie)

concaténation N f
concatenation

conception assistée par ordinateur N f
computer-aided design
Abrév.: CAO.

conception graphique assistée par ordinateur N f
computer-aided graphic design

conclusions N f pl
Syn.: annexes.

concordance matricielle N f
matrix matching

condensé (caractère) A
Syn.: étroit (caractère).

conserve N f
live matter

constantes N f pl
constants

contour (1) N m
contour

contour (2) N m
outline (1)
Syn.: relief.

contour du caractère N m
character outline
Syn.: contour (2).

contraste N m
contrast

contre-épreuve N f
Syn.: épreuve de reproduction.

contrôle du corps des caractères N m
character size control
Quasi-syn.: grossissement des caractères à l'écran.

contrôleur graphique N m
graphics display controller

**convertir en numérique/en
chiffres** V
Syn.: numériser.

convivial A
user-friendly

convivialité graphique N f
graphics user-friendliness

coordonnées homogènes N f pl
homogeneous coordinates

coordonnées polaires N f pl
polar coordinates

coordonnées relatives N f pl
relative coordinates

copie N f
copy (2)

copie au laser N f
laser platemaking
Syn.: photogravure (au) laser.

copie durable N f
Syn.: copie permanente.

copie et insertion N f
copy and paste
D'un bloc de texte, *d'un* élément
graphique, *par exemple.*

copie permanente N f
hard copy
Syn.: copie durable.

copie propre N f
clean copy
Syn.: copie sans ratures.

copie sans ratures N f
Syn.: copie propre.

copie sur écran N f
soft copy
Syn.: affichage écran; épreuve écran.
Quasi-syn.: image-écran; image vidéo.

copie (sur) papier N f
Syn.: document imprimé.

copier V
copy (1)

copier et insérer V
Syn.: copier-coller.

copier-coller V
copy and paste
Un bloc de texte, *un* élément
graphique, *par exemple.*
Syn.: copier et insérer.

**corps (d'un caractère/d'une
lettre)** N m
body size
Syn.: force de/du corps.

corps du texte N m
body (2)

correcteur d'orthographe N m
spelling corrector
Syn.: correcteur orthographique;
logiciel de correction d'orthographe.

**correcteur
orthographique** N m
Syn.: correcteur d'orthographe.

correcteur syntaxique N m
grammar checker
Syn.: logiciel de correction
syntaxique.

**correction d'échelle de
gris** N f
grey-scale correction

correction d'épreuves N f
proofreading
Quasi-syn.: relecture.

correction des couleurs N f
color correction

**correction par rappel
arrière** N f
backspace correction

corriger des épreuves V
proofread

couleur chaude N f
warm color

**couleur
d'accompagnement** *N f*
spot color

couleur d'encrage *N f*
process color
Quasi-syn.: quadrichromie.

couleur de fond *N f*
base color
Syn.: couleur de premier passage.

**couleur de premier
passage** *N f*
Syn.: couleur de fond.

couleur primaire *N f*
primary color
Les couleurs primaires sont le cyan,
le magenta *et le* jaune.
Ant.: couleur secondaire.

couleur secondaire *N f*
secondary color
Ant.: couleur primaire.

coupe *N f*
trim (2)
Syn.: rognage.

coupé-collé *N m*
Syn.: couper-coller.

couper *V*
cut (2)

couper et insérer *V*
Syn.: couper-coller.

couper (une illustration) *V*
trim (1)

couper-coller *V*
cut and paste
Var.: couper/coller.
Syn.: couper et insérer.
Quasi-syn.: déplacer.

couper-coller *N m*
cut and paste
Var.: couper/coller.
Syn.: coupé-collé.

coupure *N f*
clipping

**coupure automatique de(s)
mots** *N f*
Syn.: césure automatique.

coupure conditionnelle *N f*
conditional hyphenation

coupure de page *N f*
Syn.: saut de page.

**coupure de page à la
demande** *N f*
hard page break
Syn.: saut de page forcé.

**coupure de page
automatique** *N f*
soft page break

coupure de(s) mot(s) *N f*
Syn.: césure.

coupure syllabique *N f*
Syn.: césure.

**coupure syllabique
automatique** *N f*
Syn.: césure automatique.

courbe B-spline *N f*
B-spline curve
Abrév.: B-spline.

courbe de Bézier *N f*
Bézier curve

courbe de transfert *N f*
Syn.: courbe gamma.

courbe gamma *N f*
gamma curve
Syn.: courbe de transfert.

Courier *N*
Courier
Var.: Courrier.

crayon électronique *N m*
electronic pencil
Syn.: stylo électronique.

crayon optique *N m*
light pen
Syn.: photostyle.

**création automatique
d'index** *N f*
automatic index generation

**création automatique de
points de conduite** *N f*
dot leader option for tabs

**création automatique de
sommaires** *N f*
Syn.: création automatique de tables
des matières.

**création automatique de
tables des matières** *N f*
automatic table of contents
generation
Syn.: création automatique de
sommaires; génération automatique de sommaires.
Quasi-syn.: génération de tables des
matières.

création de demi-tons *N f*
Syn.: création de grisés.

création de formulaires *N f*
forms creation

création de grisés *N f*
half toning
Syn.: création de demi-tons.

**création et gestion des
tableaux** *N f*
Syn.: tableautage (fonction de).

crénage *N m*
kerning
Ant.: interlettrage.
Emprunt à l'anglais: kerning.

crénage automatique *N m*
auto-kerning

crénelage (effet de) *N m*
aliasing
Syn.: aliasage (effet d'); aliasing
(effet d'); dérapage (effet de);
effet/phénomène (de marches)
d'escalier.

créner *V*
kern

crochet *N m*
bracket

crochet droit *N m*
Syn.: crochet fermant.

crochet fermant *N m*
close bracket
Syn.: crochet droit.
Ant.: crochet ouvrant.

crochet gauche *N m*
Syn.: crochet ouvrant.

crochet ouvrant *N m*
open bracket
Syn.: crochet gauche.
Ant.: crochet fermant.

croix double *N f*
double dagger

croquis *N m*
sketch

curseur à réticule *N m*
cross-haired cursor

curseur de texte *N m*
text cursor

curseur destructif *N m*
Syn.: curseur effaçant.

curseur effaçant *N m*
destructive cursor
Syn.: curseur destructif.
Ant.: curseur non effaçant.

curseur non destructif *N m*
Syn.: curseur non effaçant.

curseur non effaçant *N m*
non-destructive cursor
Syn.: curseur non destructif.

curseur numériseur *N m*
digitizing cursor

curseur repère *N m*
ghost cursor

cursive *N f*
cursive (type/script)

cyan *A*
cyan

D

DAO *N m*
Abrév. de Dessin Assisté par
Ordinateur.

D.D.C.P. *N m*
Abrév. de Système électronique
d'épreuves couleur.

décalé à droite *A*
ragged right

décalé à gauche *A*
ragged left

décaler *(un bloc de texte)* **V**
Syn.: renfoncer (une ligne/un bloc de
texte).

décentré *A*
off center

décisions de fin de ligne *N f pl*
end-of-line decisions

décomposition *N f*
decomposition

découpage en boîte *N m*
boxing

défaire *[une ou des opérations]* **V**
undo
Syn.: annuler (2).

**défaut (disposition/option/
présentation/valeur par)** *A*
default (style/option/statement/
value)
Syn.: implicite.

défilement *N m*
scrolling
Syn.: déroulement.

défilement vertical *N m*
vertical scrolling

définition *N f*
resolution
Syn.: résolution *[courant mais rejeté
par certains en tant qu'angli-
cisme].*

définition graphique *N f*
graphics resolution

définition spatiale *N f*
spatial resolution

dégradé *N m*
vignette(d) halftone
Syn.: simili en dégradé.

délié *N m*
thin stroke
Ant.: plein.

délimiteur *N m*
delimiter
Syn.: séparateur.
Quasi-syn.: borne; limite.

**délimiteur de bloc (de
texte)** *N m*
block marker
Syn.: marqueur de bloc.

demi-cadratin *N m*
en
Quasi-syn.: demi-cadrat; en.

demi-gras (caractère) *A*
semi-bold
Syn.: mi-gras.

demi-teinte *N f*
half tone

demi-teintes *N f pl*
middle tones

densité (d'une couleur) *N f*
saturation (of color)
Syn.: saturation.

densité de caractères *N f*
character density

densité optique *N f*
density (1)

déplacement *N m*
text move

**déplacement de blocs de
texte** *N m*
block move

déplacement et copie de blocs de texte *N m*
block move/copy

déplacement horizontal *N m*
horizontal offset

déplacer *V*
move
Quasi-syn.: couper-coller.

dérapage (effet de) *N m*
Syn.: crénelage (effet de).

déroulement *N m*
Syn.: défilement.

déroulement automatique du texte en colonnes *N m*
automatic text flow

descendant (d'un caractère) *N m*
Syn.: jambage descendant.
Ant.: montant (d'un caractère).

descendante (1) *N f*
Syn.: jambage descendant.

descendante (2) *N f*
Syn.: lettre descendante.

dessin *N m*
drawing

dessin à main levée *N m*
freehand drawing

dessin assisté par ordinateur *N m*
computer-aided drafting
Abrév.: DAO.

dessin au trait *N m*
line drawing

dessin bit-map *N m*
Var.: dessin bitmap.
Syn.: dessin matriciel.
Ant.: dessin vectoriel.

dessin de lettre *N m*
letterform

dessin en mode point *N m*
Syn.: dessin matriciel.

dessin libre *N m*
freestyle drawing

dessin matriciel *N m*
bit map drawing
Syn.: dessin bit-map; dessin en mode point; dessin par points.
Ant.: dessin vectoriel; dessin vectorisé.

dessin par collage *N m*
clip art

dessin par ligne *N m*
line art (1)

dessin par points *N m*
Syn.: dessin matriciel.

dessin vectoriel *N m*
object-oriented drawing
Syn.: dessin vectorisé.
Ant.: dessin bit-map.

dessin vectorisé *N m*
Syn.: dessin vectoriel.

détacher un secteur *V*
Syn.: éclater un secteur.

détecteur de fautes d'orthographe *N m*
Syn.: vérificateur d'orthographe.

détourage *N m*
silhouetting

diacritique *N m*
diacritic
Syn.: signe diacritique.

diagramme *N m*
Syn.: graphique.

diagramme à colonnes *N m*
column diagram
Syn.: diagramme à tuyaux d'orgue; graphique à barres verticales.
Hyperon.: diagramme en bâtons.

diagramme à tuyaux d'orgue *N m*
Syn.: diagramme à colonnes.
Hyper.: diagramme en bâtons.

diagramme de Gantt *N m*
Gantt chart
Syn.: graphique de Gantt.
Quasi-syn.: diagramme à barres.

diagramme en bandes *N m*
Syn.: diagramme en bâtons.

diagramme en bâtons *N m*
bar diagram
Syn.: diagramme en bandes;
graphique à barres.
Hypon.: diagramme à colonnes;
diagramme à tuyaux d'orgue.

dictionnaire analogique *N m*
thesaurus

**dictionnaire (d'un correcteur
orthographique)** *N m*
dictionary (1)

**dictionnaire de
synonymes** *N m*
synonym dictionary

**dictionnaire (de vérification)
orthographique** *N m*
spelling dictionary
Quasi-syn.: vérificateur d'orthographe.

Didones *N pr*
Modern Face
Classification Atypi 1962

digitaliser *[anglicisme courant]* *V*
Cf. numériser.

dimension de l'illustration *N f*
image area

dimension déterminante *N f*
controlling dimension

dimension verticale *N f*
Syn.: longueur de page.

**dispositif à balayage
récurrent** *N m*
raster-scan device

**dispositif à couplage de
charge** *N m*
charged coupled device
Abrév.: DCC.

dispositif à quadrillage *N m*
raster device

**dispositif d'entrée
graphique** *N m*
graphic(s) input device

**dispositif de séparation des
couleurs** *N m*
color separation device

disposition (des données) *N f*
Syn.: format.

disque de caractères *N m*
font disk

disque optique *N m*
optical disk

disque optique numérique *N m*
optical digital disk
À déconseiller : DON.

distorsion *N f*
shear

dithering *[emprunt à l'anglais]* *N m*
Syn.: tramage des illustrations.

division d'un mot *N f*
Syn.: césure.

**document à modelé
continu** *N m*
Syn.: document en teintes continues.

document au trait *N m*
Syn.: document en teintes discontinues.

document de base *N m*
source document

document électronique *N m*
electronic document

**document en teintes
continues** *N m*
continuous-tone copy
Syn.: document à modelé continu.
Ant.: document en teintes discontinues.

document en teintes discontinues *N m*
line copy
Syn.: document au trait.
Ant.: document en teintes continues.

document imprimé *N m*
printout
Syn.: copie (sur) papier; document papier; imprimé; sortie d'imprimante.
Quasi-syn.: sortie ordinateur sur papier; sortie sur support en papier.

document papier *N m*
Syn.: document imprimé.

données préimprimées *N f pl*
pre-printed data

données vectorielles *N f pl*
vector data

double interligne *N m*
Syn.: interligne double.

double page *N f*
spread
Var.: double-page.
Syn.: centre déployé; pages en regard.

double soulignage *N m*
Syn.: double soulignement.

double soulignement *N m*
double underlining
Syn.: double soulignage.

douze *N m*
Syn.: cicéro.

duplication *N f*
duplication

duplication de blocs de texte *N f*
Syn.: (re)copie de blocs de texte.

E

échantillon *N m*
sample

échelle *N f*
ladder

échelle (d'une image) *N f*
scale (2)

échelle de contraste *N f*
density range

échelle de réduction/ agrandissement *N f*
proportional scale

échelle de(s) gris *N f*
gray scale
Syn.: gamme de densité; gamme de(s) gris; niveau de(s) gris.

échelle des nuances
Syn.: nuancier.

éclaté *N m*
exploded view

éclater un secteur *V*
explode a pie slice
Syn.: détacher un secteur.

écran *N m*
screen (2)

écran à cristaux liquides
liquid crystal display

écran à haute définition *N m*
high-resolution screen
Syn.: écran à haute résolution *[courant mais rejeté par certains en tant qu'anglicisme].*

écran à haute résolution
[anglicisme courant] *N m*
Cf. écran à haute définition.

écran de prévisualisation *N m*
WYSIWYG screen
Syn.: écran WYSIWYG.

écran de visualisation *N m*
display screen

écran divisé *N m*
split screen
Syn.: écran partagé.

écran graphique *N m*
graphics screen

écran (graphique) en mode point *N m*
bit mapped screen
Syn.: écran (graphique) par points.

écran (graphique) par points *N m*
Syn.: écran graphique en mode point.

écran horizontal *N m*
horizontal screen

écran monochrome *N m*
monochrome screen

écran partagé *N m*
Syn.: écran divisé.

écran pleine page *N m*
full-page display

écran vertical *N m*
vertical screen

écran WYSIWYG *N m*
Syn.: écran de prévisualisation.

écrasé (caractère) *A*
Syn.: aplati (caractère).

écriture en lacet *N f*
Syn.: renouement de(s) mots.

éditer un état *V*
Syn.: imprimer un état.

éditeur de fontes *N m*
Syn.: éditeur de polices.

éditeur de plan *N m*
Syn.: gestionnaire de plan.

éditeur de polices *N m*
font editor
Syn.: éditeur de fontes.

éditeur (de texte(s)) *N m*
text editor
Syn.: programme d'édition; programme de mise en forme de texte.

éditeur en mode point *N m*
bitmap editor

éditeur graphique *N m*
graphic editor
Syn.: grapheur.

éditicien(ne) *N m(f)*
desktop publisher

édition *N f*
publishing

édition assistée par ordinateur *N f*
Syn.: édition électronique.

édition d'entreprise *N f*
corporate publishing

édition de texte(s) *N f*
text editing

édition électronique *N f*
electronic publishing
Syn.: édition assistée par ordinateur; éditique; publication assistée par ordinateur; publication électronique.

édition maison *N f*
in-house publishing

éditique *N f*
Syn.: édition électronique.

effacement (fonction d') *N m*
erase (feature)

effacer (des données) *V*
erase

effacer (l'écran) *V*
clear

effectuer la tabulation (sur) *V*
Syn.: aligner (sur).

effectuer une rotation *V*
Syn.: faire pivoter.

effilé (caractère) *A*
Syn.: étroit (caractère).

Égyptiennes *N pr*
Egyptian
> *Les* Mécanes *correspondent aux*
> Égyptiennes *de la classification*
> *Thibaudeau.*
> *Syn.:* Mécanes.

élargi (caractère) *A*
> *Syn.:* large (caractère).

élargissement (des caractères) *N m*
expanding (of characters)
> *Ant.:* étroitisation (des caractères).

élargissement du point *N m*
dot gain

électrophotographie *N f*
electrophotography
> *Syn.:* procédé électrostatique.

élément graphique *N m*
> *Syn.:* primitive graphique.

élimination *N f*
> *Syn.:* suppression.

élimination de lignes cachées *N f*
hidden-line removal
> *Syn.:* suppression de lignes cachées.

élimination de parties cachées *N f*
hidden-surface removal
> *Syn.:* élimination de surfaces cachées.

élimination de surfaces cachées *N f*
> *Syn.:* élimination de parties cachées.

éliminer *V*
> *Syn.:* supprimer.

Elzévir *N pr*
Elzevir
> *Var.:* Elsevier; Elzevier.

empattement *N m*
serif
> *Syn.:* sérif.

empattement cunéiforme *N m*
wedge serif

empattement elzévirien *N m*
bracketed serif

empattement filiforme *N m*
hairline serif
> *Syn.:* empattement fin.

empattement fin *N m*
> *Syn.:* empattement filiforme.

empattement gras *N m*
slab serif

en alinéa *A*
> *Syn.:* rentré.

en débord *A*
> *Syn.:* (composition) en sommaire.

en deux dimensions *A*
> *Syn.:* bidimensionnel.

en drapeau à droite *A*
> *Syn.:* non aligné à droite.
> *Ant.:* en drapeau à gauche.

en drapeau à gauche *A*
> *Syn.:* non aligné à gauche.
> *Ant.:* en drapeau à droite.

en drapeau (justification) *A*
> *Syn.:* non justifié.

en hauteur (format) *A*
upright (format)
> *Syn.:* à la française.
> *Ant.:* en largeur.

en largeur (format/texte) *A*
> *Syn.:* à l'italienne.
> *Ant.:* en hauteur.

en pavé (composition) *A*
full flush (composition)

en retrait *A*
> *Syn.:* rentré.

en trois dimensions *A*
> *Syn.:* tridimensionnel.

en-tête *N m*
header
> *Syn.:* haut de page.
> *Quasi-syn.:* intitulé.
> *À déconseiller :* entête.

en-tête automatique *N m*
Syn.: répétition automatique des en-têtes de page.

en-têtes et bas de page *N m pl*
headers/footers
Syn.: en-têtes et pieds de page; hauts et bas de page.
Quasi-syn.: constantes; indications fixes.

en-têtes et pieds de page *N m pl*
Syn.: en-têtes et bas de page.

encadré *N m*
sidebar
Syn.: article encadré.

encadrement *N m*
framing

encadrer *V*
box (1)

enchaînement *N m*
chaining

enchaînement de(s) colonnes *N m*
column snaking
Syn.: chaînage des colonnes.

enchâsser *V*
embed

encrage *N m*
inking

encre magnétique *N f*
magnetic ink

entrée de données *N f*
Syn.: saisie de(s) données.

épaisseur *N f*
weight (2)

épreuve *N f*
proof

épreuve conforme *N f*
final proof
Quasi-syn.: bon à tirer; correcteur (en bon à clicher); épreuve (sur) machine.

épreuve corrigée *N f*
revised proof

épreuve de galée *N f*
Syn.: épreuve en placard.

épreuve de photograveur *N f*
engraver's proof

épreuve de placard *N f*
Var.: épreuve en placard.

épreuve de reproduction *N f*
reproduction proof
Syn.: contre-épreuve.

épreuve écran *N f*
Syn.: copie sur écran.

épreuve en page *N f*
page proof

épreuve en placard *N f*
galley proof
Var.: épreuve de placard.
Syn.: épreuve de galée.

épreuve en première *N f*
rough proof
Syn.: première (typographique).

épreuve (sur) machine *N f*
Syn.: bon à tirer.

épreuve tramée *N f*
screened print

épreuves photographiques avant tirage *N f pl*
prepress proofs

équilibrage des colonnes *N m*
column balancing

équilibre *N m*
balance

équilibre des gris *N m*
gray balance

équivalence écran-tirage *N f*
Syn.: WYSIWYG.

erreur typographique *N f*
typographical error

espace *N f*
space
Syn.: intervalle.

espace chiffre *N m*
figure space

espace fine (1) *N f*
hair space
Syn.: espace fine (2) *[pour certains]*.
Quasi-syn.: espace d'un point;
huitième de cadratin.

espace fine (2) *N f*
thin space
Syn.: fine; espace fine (1) *[pour certains]*.
Ant.: espace forte.

espace fixe *N f*
fixed space

espace forte *N f*
thick space

espace insécable *N f*
nonbreaking space
Syn.: blanc insécable.

espace intermots *N m*
interword space

espace occupé *N m*
written space

espace vierge *N f*
white space

espacement *N m*
spacing

espacement arrière avec effacement *N m*
Syn.: recul avec effacement.

espacement des caractères à l'écran *N m*
Syn.: affichage de l'espacement des caractères.

espacement différentiel *N m*
differential letterspacing
Syn.: espacement proportionnel.

espacement entre les mots *N m*
word spacing
Syn.: espacement intermots.

espacement fixe *N m*
fixed spacing

espacement (horizontal) des caractères *N m*
character spacing
Syn.: interlettrage.

espacement intermots *N m*
interword spacing
Syn.: espacement entre les mots.

espacement proportionnel *N m*
proportional spacing
Syn.: espacement différentiel.
Ant.: étroitisation proportionnelle.

espacement vertical *N m*
vertical spacing

espacer (en espaces fines) *V*
hair space

esperluète *N f*
Var.: perluète.

esquisse *N f*
Syn.: pré-maquette.

«et» commercial *N m*
Syn.: perluète

étendu (caractère) *A*
Syn.: large (caractère).

étendue de la justification *N f*
Syn.: fourchette de justification.

étiquette *N f*
label

étirement *N m*
rubber banding

étroit (caractère) *A*
condensed (type/face/font/style)
Syn.: allongé; condensé; effilé; serré.
À déconseiller: caractère compressé.

étroitisation (des caractères) *N f*
condensing (of characters)
Ant.: élargissement (des caractères).

étroitisation proportionnelle *N f*
proportional condensing

évidement *N m*
counter (1)

évidement fermé *N m*
void
Syn.: bassin.

évidement ouvert *N m*
partial counter

exemplaire définitif *N m*
final copy
Quasi-syn.: document définitif;
document final; final.

exemplaire plié *N m*
Syn.: cahier.

expansé (caractère)
[anglicisme] N m
Cf. large (caractère).

exporter *V*
export

exposant *N m*
superscript

extra-gras (caractère) *A*
heavy (character)
Syn.: très gras.

extra-large *A*
extra-expanded

extraction de traits *N f*
feature extraction

F

facteur d'échelle *N m*
scale factor

faire de la micro-édition *V*
desktop publish

faire pivoter *V*
rotate
Syn.: effectuer une rotation.

faire suivre *V*
run-in (2)

faire un débord *V*
run out

famille (de caractères) *N f*
typeface (1)
Quasi-syn.: fonte; police; style.

fausse page *N f*
Syn.: page paire.

faux titre *N m*
half title
Var.: faux-titre.
Syn.: avant-titre; titre bâtard.
Quasi-syn.: titre abrégé.

fenêtrage *N m*
windowing

fenêtre *N f*
window

fenêtre de dialogue *N f*
dialog box
Syn.: boîte de dialogue; case de
dialogue.

fenêtre de sélection *N f*
Syn.: sélecteur d'éléments.

fenêtre de vision pré-impression *N f*
viewing window

feuille *N f*
sheet

feuille de calcul électronique *N f*
spreadsheet
Syn.: grille de calcul électronique.

feuille de style *N f*
style sheet

feuille de style graphique *N f*
graphic style sheet

feuille de style implicite *N f*
default style sheet

feuille fixe *N f*
flatbed

feuille imprimée d'un seul côté *N f*
Syn.: impression au recto seulement.

feuillet *N m*
leaf

fiche *N f*
record

fichier *N m*
file

fichier (de) texte *N m*
text file
Var.: fichier-texte.

fichier en mode point *N m*
bit-map file

fichier fusion *N m*
merge file

fichier graphique *N m*
graphics file

fichier images *N m*
image file
Syn.: fichier vidéo.

(fichier) modèle *N m*
template

fichier vectoriel *N m*
object-oriented file

fichier vidéo *N m*
Syn.: fichier images.

figure *N f*
figure (3)
Syn.: illustration (1).

fil de fer (modèle/ modéli-sation) *N m*
wireframe (model/modeling)

filet *N m*
rule

filet de conduite *N m*
lead line

filet de conduite brisé *N m*
dogleg
Syn.: rail brisé.

filet de séparation des colonnes *N m*
column rule
Syn.: filet entre colonnes.

filet entre colonnes *N m*
Syn.: filet de séparation des colonnes.

filet fin *N m*
Syn.: filet maigre.

filet maigre *N*
fine-face rule
Syn.: filet fin.
Quasi-syn.: filet ultra-maigre.

filet technique *N m*
key line

filet ultra-maigre *N m*
hairline rule
Quasi-syn.: filet fin; filet maigre.

filtre générique *N m*
generic filter

fin d'insertion *N f*
close up (2)

fin de ligne *N f*
end of line

fleurons *N m pl*
flowers

folio *N m*
folio
Syn.: numéro (de page).

folio en bas de page *N m*
drop folio

foliotage *N m*
foliation
Syn.: numérotation de(s) pages.

foliotation *N f*
Syn.: numérotation de(s) pages.

folioter *V*
foliate
Syn.: paginer.

fonction arithmétique *N f*
Syn.: fonction de calcul.

fonction comptable *N f*
Syn.: fonction de calcul.

fonction de calcul *N f*
arithmetic capability
Syn.: fonction arithmétique; fonction comptable; fonction mathématique.

fonction de localisation *N f*
spot function

fonction (de) manipulation *N f*
Syn.: fonction (de) mise en forme.

fonction (de) mise en forme *N f*
editing feature
Syn.: fonction (de) manipulation.

fonction (de) mise en pages *N f*
formatting feature

fonction de notes de bas de page *N f*
footnote feature

fonction (de) recherche et (de) remplacement *N f*
Syn.: recherche et remplacement.

fonction glossaire *N f*
glossary function

fonction mathématique *N f*
math capability
Syn.: fonction de calcul.

fonction recherche/ remplace *N f*
Syn.: recherche et remplacement.

fonction(s) graphique(s) *N f (pl)*
graphics (capability)
Quasi-syn.: mode graphique.

fond d'impression *N m*
background

fond de page *N m*
underlying page
Syn.: page sous-jacente.

fond tramé *N m*
screen(ed) tint
Syn.: grisé.

fonte contour *N f*
outline font
Cf. contour (2).

fonte courante *N f*
current font

fonte (de caractères) *N f*
Syn.: police (de caractères).

fonte par points *N f*
Syn.: police en mode point.

fonte vectorielle *N f*
Syn.: caractère vectorisé.

force de/du corps *N f*
Syn.: corps.

format *N m*
format (1)
Syn.: aspect général; disposition (des données).

format d'impression *N m*
page setup

format DCA *N m*
document content architecture

format DDE *N m*
dynamic data exchange

format de document *N m*
document format

format de données *N m*
data format

format de ligne *N m*
line format

format de page *N m*
page format

format de paragraphe *N m*
paragraph format

format de texte *N m*
text format

format fini *N m*
Syn.: format rogné.

format fixe *N m*
fixed format

format habillage *N m*
runaround format

format journal *[Word] N m*
multiple-column format

format lettre *N m*
letter (size)

format matriciel *N m*
matrix format

format (pré)enregistré *N m*
Syn.: format type.

format réduit *N m*
reduced

format rogné *N m*
trim size
Syn.: format fini.

format RTF *N m*
rich text format

format TIFF *N m*
Tagged Image File Format

format type *N m*
prototype format
Syn.: format (pré)enregistré.

formatage de texte *N m*
text formatting

formater (une illustration) *V*
size (2)

formateur de texte *N m*
text formatter

forme (d'une lettre) *N f*
shape (of a letter)

formulaire préenregistré *N m*
stored form

fourchette de justification *N f*
justification range
Syn.: étendue de la justification.

fraction *N f*
fraction

Fracture *N pr*
Fraktur
Var.: fraktur.

fréquence de rafraîchissement *N f*
refresh rate

frontispice *N m*
main title

fusion (fonction de) *N f*
merge (feature)
Syn.: publipostage (fonction de).

fusionner (des fichiers) *V*
merge
Fichier adresses et fichier lettres, par exemple.
Syn.: réaliser une fusion; réaliser un publipostage.

G

gabarit *N m*
grid(s)
Syn.: grille; quadrillage.

gamme d'épreuves couleur *N f*
progressive proofs
Syn.: gamme de couleurs.

gamme de couleurs *N f*
color gamut
Syn.: gamme d'épreuves couleur.

gamme de densité *N f*
Syn.: échelle de(s) gris.

gamme de(s) gris *N f*
Syn.: échelle de(s) gris.
Pléonasme : gamme des gris échelonnée.

Garaldes *N pr*
Old Face
Classification Atypi 1962.

Garamond *N pr*
Garamond

gaufrage *N m*
embossing (1)
Quasi-syn.: embossage; estampage; gaufrure.

gaufrure *N f*
embossing (2)

générateur de caractères *N m*
character generator

générateur de formulaires *N m*
form generator

générateur de points *N m*
dot generator

génération (automatique) d'index *N f*
Syn.: indexation (automatique).

génération automatique de sommaires *N f*
Syn.: création automatique de tables des matières.

génération d'images de caractères *N f*
imaging

génération de caractères *N f*
character generation

générer un état sur imprimante *V*
Syn.: imprimer un état

générique *N m*
Syn.: bloc-générique.

Geneva *N pr*
Geneva

géré par icônes *A*
icon-driven
Syn.: piloté par icônes.

gestion de colonnes *N f*
Syn.: multicolonnage.

gestion des équations *N f*
equation editor

gestion hiérarchisée des titres *N f*
outlining

gestionnaire de plan *N m*
outliner
Syn.: éditeur de plan.

globale (opération) *A*
global (operation)

glossaire *N m*
glossary

Gothique *N pr*
Gothic

Goudy *N pr*
Goudy

gouttière (1) *N f*
gutter (1)
Syn.: marge intérieure.

gouttière (2) *N f*
Syn.: blanc intercolonnes.

graissage *N m*
Syn.: mise en (caractères) gras.

graisse *N f*
weight (1)

graisser *V*
Syn.: mettre en (caractères) gras.

grand fond *N m*
outer margin
Syn.: marge extérieure.

grand titre *N m*
full title
Syn.: titre principal.

grande initiale *N f*
Syn.: lettrine.

grandes et petites capitales *N f pl*
Syn.: capitales et petites capitales.

grandeur réelle *N f*
actual size
Quasi-syn.: grandeur naturelle.

graphe *[anglicisme] N m*
Cf. graphique.

grapheur *N m*
Syn.: éditeur graphique.

graphiciel *N m*
graphics software
Syn.: logiciel graphique.

graphique *N m*
chart
Syn.: diagramme.
Hyperon.: représentation graphique.
Anglicisme: graphe. *[À proprement parler, un graphe est un objet abstrait, défini dans la théorie (mathématique) des graphes, non un objet concret comme un graphique.]*

graphique *A*
graphic

graphique 3D *N m*
3-D graph
Abrév. de graphique tridimensionnel.

graphique à banderole *N m*
100% area chart
Syn.: graphique en banderole; graphique minima-maxima.

graphique à barres *N m*
bar chart
Syn.: diagramme en bâtons; graphique en bandes; graphique en barres.
Hypon.: graphique à colonnes; graphique à barres cumulées/empilées/subdivisées/superposées; graphique à barres horizontales/verticales; graphique à tuyaux d'orgue.
À déconseiller: graphe à barres.

graphique à barres cumulées *N m*
Syn.: graphique à barres subdivisées.
Hyperon.: graphique à barres.

graphique à barres empilées *N m*
Syn.: graphique à barres subdivisées.
Hyperon.: graphique à barres.

graphique à barres subdivisées *N m*
stacked bar chart
Syn.: graphique à barres cumulées; graphique à barres empilées; graphique à barres superposées.
Hyperon.: graphique à barres.

graphique à barres superposées *N m*
Syn.: graphique à barres subdivisées.
Hyperon.: graphique à barres.

graphique à barres verticales *N m*
column chart
Syn.: diagramme à colonnes; graphique à colonnes; graphique à tuyaux d'orgue.
Hyperon.: graphique à barres.

graphique à bâtonnets *N m*
rod chart

graphique à colonnes *N m*
Syn.: graphique à barres verticales.
Hyperon.: graphique à barres.

graphique à pyramides *N m*
pyramid chart

graphique à secteurs *N m*
sector chart
Syn.: graphique circulaire; graphique en secteurs.
À déconseiller: secteur *[comme synonyme de* graphique à secteurs].

graphique à trois dimensions *N m*
Syn.: graphique tridimensionnel.

graphique à tuyaux d'orgue *N m*
Syn.: graphique à barres verticales.
Hyperon.: graphique à barres.

graphique bitmap *N m*
Syn.: graphique en mode point.

graphique circulaire *N m*
pie chart
Syn.: camembert; graphique à
secteurs.

graphique d'affaires *N m*
Syn.: graphique de gestion.

graphique d'entreprise *N m*
Syn.: graphique de gestion.

graphique d'évolution *N m*
curve chart

**graphique de
décomposition** *N m*
Syn.: tarte.

graphique de dispersion *N m*
scatter chart
Cf. nuage de points.

graphique de Gantt *N m*
Syn.: diagramme de Gantt.

graphique de gestion *N m*
business graphic
Syn.: graphique d'affaires; graphique
d'entreprise.

graphique de répartition *N m*
Syn.: histogramme.

graphique de surface(s) *N m*
area chart

graphique en banderole *N m*
Syn.: graphique à banderole.

graphique en bandes *N m*
Syn.: graphique à barres.

graphique en barres *N m*
Syn.: graphique à barres.

graphique en escaliers *N m*
stairstep graph

graphique en mode point *N m*
bit-map(ped) graphic
Syn.: graphique bitmap.

graphique en secteurs *N m*
Syn.: graphique à secteurs.

graphique figuratif *N m*
pictograph

graphique linéaire *N m*
line chart

**graphique minima-
maxima** *N m*
high-low chart
Syn.: graphique à banderole.
Quasi-syn.: diagramme des sommets
et des creux.

**graphique
tridimensionnel** *N m*
three-dimensional graphic
Abrév.: graphique 3D.
Syn.: graphique à trois dimensions.

graphique vectoriel *N m*
vector graphic
Quasi-syn.: graphique vectorisé.

graphique vectorisé *N m*
Quasi-syn.: graphique vectoriel.

**graphisme de basse
définition** *N m*
low-resolution graphics
Ant.: graphisme de haute définition.

**graphisme de haute
définition** *N m*
high-resolution graphics
Ant.: graphisme de basse définition.

graphisme informatique *N m*
Syn.: infographie.

graphisme linéaire *N m*
linear graphics

**graphisme par/sur
ordinateur** *N m*
Syn.: infographie.

graphisme vectorisé *N m*
vector graphics
Quasi-syn.: vectorisation d'image.

gras *A*
bold

grille *N f*
Syn.: gabarit.

**grille de calcul
électronique** *N f*
Syn.: feuille de calcul électronique.

grille de mise en pages *N f*
layout grid
Syn.: grille graphique.

grille graphique *N f*
Syn.: grille de mise en pages.

grisé *N m*
Syn.: fond tramé.

gros point *N m*
bullet (point)
Syn.: point centré; puce.

gros titre *N m*
banner
Hyperon.: titre.

grotesque *A*
Syn.: antique.

groupe graphique *N m*
display group

guide (de colonne) *N m*
Syn.: repère de colonne.

guillemets doubles *N m pl*
double quotes

guillemets fermants *N m pl*
close quotes
Ant.: guillemets ouvrants.

guillemets ouvrants *N m pl*
open quotes
Ant.: guillemets fermants.

guillemets simples *N m pl*
single quotes

H

habillage au carré *N m*
rectangular text-wrap
Ant.: habillage en escalier.

habillage en escalier *N m*
stairstep runaround
Ant.: habillage au carré.

habillage (fonction d') *N m*
runaround (feature)

hachure *N f*
hatching

hampe *N f*
Syn.: jambage.

hampe ascendante *N f*
Syn.: jambage ascendant.

hampe inférieure *N f*
Syn.: jambage descendant.

hampe montante *N f*
Syn.: jambage ascendant.

hampe supérieure *N f*
Syn.: jambage ascendant.

haut de page *N m*
Syn.: en-tête.

haute définition *N f*
high resolution
Syn.: haute résolution *[courant mais
rejeté par certains en tant
qu'anglicisme].*
Ant.: basse définition.

haute résolution *[anglicisme
courant]* *N f*
Cf. haute définition.

hauteur *N f*
depth

hauteur d'x *N f*
Syn.: hauteur des minuscules «x».

hauteur de caractère *N f*
type height

hauteur de feuillet *N f*
Syn.: longueur de page.

hauteur de page *N f*
page depth
Syn.: longueur de page.

hauteur des capitales *N f*
cap height

hauteur des minuscules
«**x**» *N f*
x-height
Syn.: hauteur «x»; hauteur d'x.

hauteur «**x**» *N f*
Syn.: hauteur des minuscules «x».

hauts et bas de page *N m pl*
Syn.: en-têtes et bas de page.

Helvetica *N pr*
Helvetica

hirondelle *N f*
color guide

histogramme *N m*
histogram
Syn.: graphique de répartition.

Humanes *N pr*
Venetian
Classification Atypi 1962.

I

illustration (1) *N f*
Syn.: figure.

illustration (2) *N f*
cut (1)
Syn.: cliché.

illustration à fond perdu *N f*
bleed (illustration)
Syn.: illustration pleine page;
illustration plein papier.
Quasi-syn.: impression à marge
perdue; impression pleine-page.

illustration à l'italienne *N f*
broadside (2)
Syn.: illustration en largeur.

illustration à ton continu *N f*
continuous-tone artwork

illustration en largeur *N f*
Syn.: illustration à l'italienne.

illustration plein papier *N f*
Syn.: illustration à fond perdu.

illustration pleine page *N f*
Syn.: illustration à fond perdu.

illustration technique *N f*
technical illustration

illustrations marginales *N f pl*
marginal art

**illustrations
reproductibles** *N f pl*
camera-ready art(work)

image (1) *N f*
image

image (2) *N f*
picture

image 3D *N f*
3-D image
Abrév. de image tridimensionnelle.

image à basse définition *N f*
low-resolution image
Syn.: image à basse résolution
*[courant mais rejeté par certains
en tant qu'anglicisme].*

image à basse résolution
[anglicisme courant] N f
Cf. image à basse définition.

image à haute définition *N f*
high-resolution image
Syn.: image à haute résolution
*[courant mais rejeté par certains
en tant qu'anglicisme].*

image à haute résolution
[anglicisme courant] N f
Cf. image à haute définition.

image à ton continu *N f*
continuous tone image

image bidimensionnelle *N f*
two-dimensional image

image bit-map *N f*
Syn.: image en mode point.

image digitalisée *[anglicisme
courant] N f*
Cf. image numérisée.

image électronique *N f*
computer-generated image
Syn.: image générée par ordinateur.

image en mode point *N f*
bit-map image
Syn.: image bit-map; image-point.

image en trois dimensions *N f*
Syn.: image tridimensionnelle.

**image générée par
ordinateur** *N f*
Syn.: image électronique.

image latente *N f*
latent image

image ligne par ligne *N f*
Syn.: image tramée.

image numérique *N f*
digital picture

image numérisée *N f*
digitized picture
Anglicisme: image digitalisée.

image tramée *N f*
raster image
Syn.: image ligne par ligne.

image tridimensionnelle *N f*
three-dimensional image
Abrév.: image 3D.
Syn.: image en trois dimensions.

image vectorielle *N f*
vector image
Syn.: image-vecteur; image
vectorisée.

image vectorisée *N f*
Syn.: image vectorielle.

image-écran *N f*
Syn.: affichage (à l'écran).

image-matrice *N f*
character master

image-point *N f*
Syn.: image en mode point.

image-vecteur *N f*
Syn.: image vectorielle.

imagerie électronique *N f*
electronic imaging
Ant.: imagerie chimique.

images par vecteurs *N f pl*
line art (2)

**implicite (attribut/format/
option/valeur)** *A*
Syn.: défaut.

implicitement *Adv*
by default

importer *V*
import

imposition *N f*
imposition

imposition en demi-feuille *N f*
work-and-turn

imposition tête-à-queue *N f*
work-and-tumble

impression aller-retour *N f*
Syn.: impression bidirectionnelle.

impression anaglyptique *N f*
raised printing

impression au laser *N f*
laser printing

**impression au recto
seulement** *N f*
broadside (1)
Syn.: feuille imprimée d'un seul côté.

**impression
bidirectionnelle** *N f*
bidirectional printing
Syn.: impression aller-retour;
impression en lacet.

**impression (de) qualité
brouillon** *N f*
draft quality printing

**impression de qualité
supérieure** *N f*
Syn.: impression haute qualité.

impression des exposants et des indices *N f*
sub/superscript printout

impression électrostatique *N f*
electrostatic printing

impression en caractères gras *N f*
boldface printing

impression en double frappe *N f*
double strike printing

impression en double pose *N f*
two-up printing

impression en justifié *N f*
justified printing

impression en lacet *N f*
Syn.: impression bidirectionnelle.

impression en relief *N f*
relief printing

impression en simultanéité *N f*
background printing

impression en surcharge *N f*
overprinting

impression fantôme *N f*
ghosting

impression haute qualité *N f*
high quality printing
Syn.: impression de qualité supérieure.
Quasi-syn.: impression qualité courrier.

impression ombrée *N f*
shadow printing

impression polychrome *N f*
process printing

impression qualité correspondance *N f*
Syn.: impression qualité courrier.

impression qualité courrier *N f*
letter quality printing
Syn.: impression qualité correspondance.
Quasi-syn.: impression haute qualité.

impression sans impact *N f*
non-impact printing

impression sur deux colonnes *N f*
double-column printing

impression thermique *N f*
thermal imaging

imprimante à impact *N f*
impact printer
Syn.: imprimante à percussion.
Ant.: imprimante sans impact.

imprimante à jet d'encre *N f*
inkjet printer

imprimante à laser *N f*
laser printer
Var.: imprimante laser.

imprimante à percussion *N f*
Syn.: imprimante à impact.

imprimante à transfert thermique *N f*
thermal transfer printer

imprimante couleur *N f*
color printer

imprimante de qualité correspondance *N f*
Syn.: imprimante (de) qualité courrier.

imprimante (de) qualité courrier *N f*
letter-quality printer
Syn.: imprimante de qualité correspondance.

imprimante électronique *N f*
electronic printer

**imprimante
électrostatique** N f
electrostatic printer

imprimante laser N f
Var.: imprimante à laser.

imprimante ligne à ligne N f
Syn.: imprimante par ligne.

imprimante ligne par ligne N f
Syn.: imprimante par ligne.

imprimante matricielle N f
dot matrix printer
    Syn.: imprimante par aiguilles en
    matrice; imprimante par
    (matrice d') aiguilles;
    imprimante par matrice de
    points; imprimante par points.

imprimante non impact
[anglicisme] N f
Cf. imprimante sans impact.

imprimante page N f
page printer

**imprimante par aiguilles en
matrice** N f
Syn.: imprimante matricielle.

imprimante par ligne N f
line printer
    Syn.: imprimante ligne à ligne;
    imprimante ligne par ligne.

**imprimante par (matrice
d')aiguilles** N f
Syn.: imprimante matricielle.

**imprimante par matrice de
points** N f
Syn.: imprimante matricielle.

imprimante par points N f
Syn.: imprimante matricielle.

imprimante sans impact N f
non-impact printer
    Syn.: imprimante sans percussion.
    Ant.: imprimante à impact.
    Anglicisme: imprimante non impact.

**imprimante sans
percussion** N f
Syn.: imprimante sans impact.

imprimante thermique N f
thermal printer

**imprimante thermique
couleur** N f
color thermal printer

imprimé N m
Syn.: document imprimé.

imprimer un état V
output a report to a printer
    Syn.: éditer un état sur imprimante;
    générer un état sur imprimante;
    sortir un état sur imprimante.

in-plano N m
broadside (3)

Incises N pr
Incised Latin
    Classification Atypi 1962.

**inclinaison (d'un
caractère)** N f
slope (of a character)

inclinaison horizontale N f
skewing

inclinaison vers la gauche N f
back slant

inclinée (lettre) A
oblique (1)

indentation *[anglicisme]* N f
Cf. alinéa; rentrée.

index N
index

indexation (automatique) N f
(automatic) indexing
    Syn.: génération (automatique)
    d'index; préparation (automa-
    tique) d'un index.

indicateur d'emplacement N m
place mark

**indicateur du pas
d'impression à l'écran** N m
character pitch display

indice *N m*
subscript
Ant.: exposant.

infographie *N f*
computer graphics
Nom déposé.
Syn.: graphisme informatique;
graphisme par/sur ordinateur;
informatique graphique.

infographie d'entreprise *N f*
Syn.: infographie de gestion.

infographie de gestion *N f*
business graphics
Syn.: infographie d'entreprise;
traitement de graphiques
d'affaires; traitement de
graphiques de gestion.

infographie interactive *N f*
interactive computer graphics
Ant.: infographie passive.

**infographie par
quadrillage** *N f*
raster graphics

infographie passive *N f*
passive (computer) graphics
Ant.: infographie interactive.

informatique graphique *N f*
Syn.: infographie.

**initiale alignée en pied sur la
première ligne du texte** *N f*
Syn.: lettrine alignée en pied.

**initiale alignée en tête sur la
première ligne** *N f*
cut-in initial

**inscription de données (sur
un formulaire)** *N f*
forms filling
Syn.: remplissage de formulaire.

insérer *V*
insert (1)

insertion *N f*
insert (2)

insertion de ligne *N f*
insert line

instruction de formatage *N f*
format statement

**instructions de
positionnement** *N f pl*
positioning instructions

interface graphique *N f*
graphics interface

interface graphique-souris *N f*
graphics-mouse interface

interlettrage *N m*
letterspacing
Syn.: espacement (horizontal) des
caractères.
Ant.: crénage.

interlignage *N m*
line spacing

interlignage automatique *N m*
automatic line spacing

interlignage grisé *N m*
shadow spacing
Syn.: interlignage ombré.

interlignage ombré *N m*
Syn.: interlignage grisé.

interlignage papier *N m*
carding

interligne *N m*
line space

interligne double *N m*
double space
Syn.: double interligne.

interligne fine *N f*
thin lead
Ant.: interligne forte.

interligne forte *N f*
thick lead
Ant.: interligne fine.

interligne inversé *N m*
reverse leading

interligne négatif *N m*
minus linespacing

interligne simple *N m*
single space

interligner *V*
lead out

interpolation de Gouraud *N f*
Syn.: modèle (d'illumination) de
Gouraud.

interpolation de Phong *N f*
Syn.: modèle (d'illumination) de
Phong.

interpréteur *N m*
interpreter

interrupteur à bascule *N m*
toggle switch

intertitre *N m*
subhead (2)
Var.: inter-titre.

intertitre en marge *N m*
sidehead

intertitre inséré *N m*
cut-in sidehead

intervalle *N m*
Syn.: espace.

intitulé (de colonne) *N m*
column head

introduction de données *N f*
Syn.: saisie de(s) données.

inverser *V*
reverse

inversion en noir au blanc *N f*
reversing black to white

italique (caractère) *A*
italic (type (face))
Ant.: romain.

italique inversé *N m*
backslant

J

jambage *N m*
stem
Syn.: hampe; tige.

jambage ascendant *N m*
ascender (1)
Syn.: ascendant; ascendante (1);
hampe ascendante; hampe
montante; hampe supérieure;
jambage montant; jambage
supérieur; montant d'un
caractère.
Ant.: jambage descendant.
Parton. de lettre.

jambage descendant *N m*
descender (1)
Syn.: descendant (d'un caractère);
descendante (1); hampe inférieure; jambage inférieur.
Ant.: jambage ascendant.
Parton. de lettre.

jambage inférieur *N m*
Syn.: jambage descendant.

jambage montant *N m*
Syn.: jambage ascendant.

jambage supérieur *N m*
Syn.: jambage ascendant.

jaune *A / N m*
yellow

jeu de caractères *N m*
character set
Syn.: police (de caractères).

jeu de fontes *N m*
font set

jeu étendu de caractères *N m*
extended character set

justification (1) *N f*
measure

justification (2) *N f*
justification

justification à droite *N f*
right justification

justification automatique *N f*
automatic justification
  Hyperon.: justification (2).

justification des lignes *N f*
line justification

justification forcée *N f*
forced justification

justification horizontale *N f*
horizontal justification

justification sélective des mots *N f*
selective word justification

justification totale *N f*
full justification

justification verticale *N f*
vertical justification

justifié à droite (texte) *A*
right-aligned (text)
  Syn.: au fer à droite.

justifié à gauche *[sans retrait ni débord]* *A*
full measure left
  Syn.: au fer à gauche.

justifié avec alinéa *[à déconseiller]* *A*
  Cf. composition en alinéa.

justifié (texte) *A*
justified (text/type)

justifier *V*
justify

L

landscape (format) *[anglicisme]* *A*
  Cf. à l'italienne.

langage d'impression *N m*
  Syn.: langage de description de page.

langage DDL *N m*
document description language

langage de description de page *N m*
page description language
  Abrév.: LDP.
  Syn.: langage d'impression.

langage orienté graphique *N m*
graphics-oriented language

langage SGML *N m*
Standard Generalized Markup Language

large (caractère) *A*
expanded (font/style/type)
  Syn.: élargi; étendu.
  Anglicisme: caractères expansés.

largeur (d'un caractère) *N f*
width (of a character)
  Syn.: chasse (d'un caractère).

largeur de page *N f*
page width

laser *N m*
LASER

laser à diode *N m*
diode laser

laser monochrome *N m*
monochrome laser

lay-out *N m*
  Syn.: maquette d'exécution.

LDP *N m*
PDL
  Abrév. de **L**angage de **D**escription de **P**age.

lecteur multipolice *N m*
multifont reader

lecteur optique *N m*
optical scanner
  Syn.: scanner optique.

lecteur optique de caractères *N m*
optical character reader

lecteur portatif *N m*
handheld scanner

légal (format) *N m*
legal (size)

légende (1) *N f*
legend

légende (2) *N f*
caption
À déconseiller: bas de vignette.

légende encadrée *N f*
bubble

lettre à queue *N f*
Syn.: lettre descendante.

lettre ascendante *N f*
ascender (2)
Syn.: ascendante (2); lettre longue;
  lettre montante.
Quasi-syn.: longue du haut.
Hypon: b, d, f, h, k, l.

lettre blanche *N f*
Syn.: lettre en relief.

lettre descendante *N f*
descender (2)
Syn.: descendante (2); lettre à queue.
Hypon.: g, j, p, q, y.

lettre éclairée *N f*
Syn.: lettre en relief.

lettre en relief *N f*
outline letter
Syn.: lettre blanche; lettre éclairée.

lettre initiale *N f*
Syn.: lettrine.

lettre longue *N f*
Syn.: lettre ascendante.

lettre montante *N f*
Syn.: lettre ascendante.

lettre moulée *N f*
block letter
Ant.: linéales.

lettre ombrée *N f*
shaded letter

lettre ornée *N f*
decorated letter

lettre ornée italique *N f*
swash letter

lettrine *N f*
initial letter
Syn.: grande initiale; lettre initiale.

lettrine alignée en pied *N f*
raised initial
Syn.: initiale alignée en pied sur la
  première ligne du texte.

lettrine alignée en tête *N f*
drop(ped) initial
Syn.: lettrine descendante.

lettrine descendante *N f*
Syn.: lettrine alignée en tête.

lettrine ornée *N f*
swash initial

lézarde *N f*
river
Syn.: cheminée; rue.

libre (justification) *A*
Syn.: non justifié.

ligature *N f*
ligature(s)

ligne agate *N f*
agate line
Syn.: ligne américaine.

ligne américaine *N f*
Syn.: ligne agate.

ligne au bas d'une page *N f*
Var.: ligne de bas de page.
Syn.: ligne de pied.

ligne boiteuse *N f*
Syn.: ligne creuse (en haut de page).

ligne cachée *N f*
hidden line

ligne creuse *N f*
tag ends
Hypon.: orphelin(e); veuve.

ligne creuse (en bas de page) *N f*
orphan
Syn.: orphelin(e).
Ant.: veuve.

ligne creuse (en haut de page) *N f*
widow
Syn.: ligne boiteuse; veuve.
Ant.: orphelin(e).

ligne d'écriture *N f*
Syn.: ligne de base.

ligne d'état *N f*
Syn.: ligne moniteur.

ligne d'impression *N f*
writing line

ligne d'information *N f*
Syn.: ligne moniteur.

ligne de balayage *N f*
scan line

ligne de bas de page *N f*
Var.: ligne au bas d'une page.
Syn.: ligne de pied.

ligne de base *N f*
baseline
Syn.: ligne d'écriture.

ligne de blanc *N f*
blank line

ligne de cadrats *N f*
white line

ligne de conduite *N f*
leader(s)
Quasi-syn.: points de conduite.

ligne de format *N f*
Syn.: ligne des paramètres de disposition.

ligne de pied *N f*
footline
Syn.: ligne au bas d'une page; ligne de bas de page.

ligne de repère *N f*
Syn.: ligne-guide.

ligne des minuscules *N f*
mean line

ligne des paramètres de disposition *N f*
format line
Syn.: ligne de format; ligne des paramètres de présentation.

ligne des paramètres de présentation *N f*
Syn.: ligne des paramètres de disposition.

ligne graduée *N f*
ruler line

ligne moniteur *N f*
status line
Syn.: ligne d'état; ligne d'information.

ligne pleine *N f*
Syn.: pleine justification.

ligne suivante *N f*
line feed

ligne-guide *N f*
ruler guide
Var.: lignes guides.
Syn.: ligne de repère; repère de colonne.

lignes au pouce *N f pl*
lines per inch
Syn.: lignes par pouce.

lignes de rognage *N f pl*
Syn.: traits de coupe.

lignes par pouce *N f pl*
Syn.: lignes au pouce.

liminaires (pages/feuillets/pièces) *N m pl*
front matter
Syn.: préliminaires.
Quasi-syn.: feuilles de titre; folios de la préface.

linéale *A*
sans serif
Classification Atypi 1962.
Syn.: sans empattement; sans serif.

linéature (de trame) *N f*
ruling

lisibilité *N f*
legibility

lissage *N m*
smoothing

liste d'assignation *N f*
assignment list

logiciel d'édition *N m*
publishing software

logiciel d'édition spécialisé *N m*
dedicated publishing system

logiciel de (composition et de) mise en pages *N m*
Syn.: logiciel de micro-édition.

logiciel de correction d'orthographe *N m*
Syn.: correcteur d'orthographe.

logiciel de correction syntaxique *N m*
Syn.: correcteur syntaxique.

logiciel de création de documents *N m*
document creation software

logiciel de micro-édition *N m*
desktop publishing program
Syn.: logiciel de (composition et de) mise en pages.
Quasi-syn.: système d'éditique.

logiciel de mise en pages *N m*
page makeup program
Syn.: paginateur.
Pléonasme: logiciel de mise en pages électronique.

logiciel de traitement de texte(s) *N m*
word processor
Syn.: programme de traitement de texte(s); système (spécialisé) de traitement de texte(s).
Quasi-syn.: progiciel de traitement de texte(s).

logiciel graphique *N m*
Syn.: graphiciel.

logo *N m*
logo

logotype *N m*
logotype

longue *N f*
Syn.: tiret cadratin.

longueur d'alphabet *N f*
alphabet length

longueur de feuille *N f*
paper length

longueur de ligne *N f*
line length

longueur de ligne maximale *N f*
maximum line length

longueur de page *N f*
page length
Syn.: dimension verticale; hauteur de feuillet; hauteur de page.
Quasi-syn.: (nombre de) lignes par page.

loupe (effet de) *N f*
zooming
Syn.: zoom (effet de).

loupe (fonction) *N f*
Syn.: zoom (fonction).

luminosité *N f*
brightness

M

machine à une couleur *N f*
single color machine

macro *N f*
macro
Syn.: macro-instruction.

macro-instruction *N f*
macroinstruction
Abrév.: macro.

magenta *N m*
magenta

magnétographie *N f*
magnetic printing

maigre *A*
light

main de pointage *N f*
pointing hand

maître *N m*
master

**majuscule (caractère/
lettre)** *N f*
uppercase
Syn.: capitale.

**majuscules et
minuscules** *N f pl*
upper and lower case

manchette *N f*
headline

**manipulation de blocs de
texte (fonction de)** *N f*
block manipulation (function)

Manuaires *N f pl*
Hand Drawintypes
Classification Atypi 1962.

maquettage *N m*
Syn.: mise en pages.

maquette d'épaisseur *N f*
bulking dummy

maquette d'exécution *N f*
layout (1)
Syn.: lay-out.

**maquette (de mise en
pages)** *N f*
mechanical (layout)

**maquette (de
présentation)** *N f*
dummy
Ant.: pré-maquette.

maquette détaillée *N f*
comprehensive layout

maquetter *V*
layout (2)

**(marches) d'escalier (effet/
phénomène de)** *N m*
Syn.: crénelage (effet de).

marge *N f*
margin
Syn.: blanc d'empagement.

marge basse *N f*
Syn.: blanc de pied.
Ant.: marge haute.

marge de droite *N f*
right margin
Ant.: marge de gauche.

marge de fond *N f*
Syn.: marge intérieure.

marge de gauche *N f*
left margin
Ant.: marge de droite.

marge de petit fond *N f*
Syn.: marge intérieure.

marge de pied *N f*
foot margin
Syn.: blanc de pied.
Ant.: marge de tête.

marge de reliure *N f*
binding margin
Syn.: marge intérieure.

marge de tête *N f*
head margin
Syn.: blanc de tête; marge supérieure; têtière.
Quasi-syn.: tête.
Ant.: marge de pied.

marge du bas *N f*
Syn.: blanc de pied.

marge extérieure *N f*
outside margin
Syn.: blanc de grand fond; grand fond.
Ant.: marge intérieure.

marge haute *N f*
Syn.: marge supérieure.
Ant.: marge basse.

marge inférieure *N f*
Syn.: blanc de pied.

marge intérieure *N f*
back margin
Syn.: blanc de couture; blanc de dos;
gouttière (1); marge de fond;
marge interne; marge de petit
fond; marge de reliure; petit(s)
fond(s).
Ant.: marge extérieure.

marge interne *N f*
gutter margin
Syn.: marge intérieure.

marge paramétrable *N f*
adjustable margin

marge provisoire *N f*
Syn.: marge temporaire.

marge supérieure *N f*
top margin
Syn.: blanc de tête; marge de tête;
marge haute.

marge temporaire *N f*
temporary margin
Syn.: marge provisoire.

**margeur automatique feuille
à feuille** *N m*
automatic sheet-feeder

marque d'espacement *N f*
space mark
Syn.: point d'espacement.

marque de paragraphe *N f*
paragraph mark

marques de cadrage *N f pl*
Syn.: traits de coupe.

marques de recadrage *N f pl*
Syn.: traits de coupe.

marques de repérage *N f pl*
Syn.: traits de coupe.

marqueur de bloc *N m*
Syn.: délimiteur de bloc (de texte).

marqueur de fin de page *N m*
page boundary

masquage *N m*
masking

**masquage (des parties d'un
document/d'un film)** *N m*
blocking out

masque *N m*
mask

matière à distribuer *N f*
Syn.: matière morte.

matière morte *N f*
dead matter
Syn.: composition à distribuer;
matière à distribuer.

matrice de pixels *N f*
pixel array

matrice de points *N f*
dot matrix
Var.: matrice à points; matrice par
points.

mauvaise coupe *N f*
Syn.: mauvaise coupure.

mauvaise coupure *N f*
bad break
Syn.: mauvaise coupe.
Hypon.: coupure illogique; coupure
inesthétique; ligne creuse.

Mécanes *N pr*
Egyptian Slabserifs
Classification Atypi 1962.
Syn.: Égyptiennes.

médium (caractère) *A*
mediumface (type)
Syn.: normal (caractère).

même format *N m*
same size

mémoire d'affichage *N f*
display memory

mémoire intermédiaire *N f*
Syn.: mémoire tampon.

mémoire tampon *N f*
buffer
Syn.: mémoire intermédiaire.

**mémoire tampon
d'affichage** *N f*
display buffer memory

**mémoire-tampon d'une
imprimante** *N f*
print buffer

**mémorisation de la
tabulation** *N f*
automatic tab memory

**mémorisation des styles
(fonction de)** *N f*
styles storage (feature)

mention de retourne *N f*
Syn.: mention de tourne.

mention de tourne *N f*
jump line
Syn.: mention de retourne.

menu à accès direct *N m*
pop up menu
Anglicisme: menu pop-up.

menu d'édition *N m*
edit menu

menu déroulant *N m*
pull-down menu

**menu des paramètres de
disposition** *N m*
format menu
Syn.: menu des paramètres de
présentation.

**menu des paramètres de
présentation** *N m*
Syn.: menu des paramètres de
disposition.

menu pop-up *[anglicisme]* *N m*
Cf. menu à accès direct.

mettre en (caractères) gras *V*
boldface
Syn.: graisser.
Quasi-syn.: renforcer.

mettre en forme *V*
Syn.: réviser.

mettre en pages (un texte) *V*
format (2)

mettre un trait d'union *V*
hyphenate

mi-gras *A*
Syn.: demi-gras.

micro-éditeur *N m*
micro-editor

micro-édition *N f*
desktop publishing
Quasi-syn.: édition assistée par
ordinateur; édition électronique;
éditique; mise en pages électronique; publication assistée par
ordinateur.

micrographie *N f*
micrographics

microjustification *N f*
microspacing
Var.: micro-justification.

**minuscule (caractère/
lettre)** *N f*
lower case
Syn.: bas de casse.

mise à jour *N f*
update

mise à l'échelle *N f*
Syn.: changement d'échelle.

**mise à l'échelle par
anamorphose** *N f*
anamorphic scaling

mise en antémémoire *N f*
caching

mise en (caractères) gras *N f*
boldfacing
Syn.: graissage.

mise en forme *N f*
formatting

mise en forme à l'écran *N f*
on-screen formatting

**mise en ordre des couleurs
pour l'impression** *N f*
color sequencing

mise en pages *N f*
page makeup
   Syn.: maquettage.

**mise en pages assistée par
ordinateur** *N f*
computer-assisted makeup
   Quasi-syn.: mise en pages directe
      par ordinateur.

mise en pages asymétrique *N f*
asymmetrical layout
   Ant.: mise en pages symétrique.

**mise en pages directe par
ordinateur** *N f*
computerized page makeup

mise en pages électronique *N f*
electronic pasteup

mise en pages en colonnes *N f*
columnar arrangement

**mise en pages
multicolonne** *N f*
multiple column setting

mise en pages symétrique *N f*
symmetrical layout
   Ant.: mise en pages asymétrique.

**mise en place de
tabulations** *N f*
   Syn.: pose de tabulations.

**mise en valeur d'une zone
d'écran** *N f*
display highlighting

mode *N m*
mode

mode brouillon *N m*
draft mode

mode cadre *N m*
frame mode

mode cellules *[pour colonnes dans
Word]* *N m*
position (paragraph) format

mode (d')insertion *N m*
insert mode

mode d'affichage *N m*
display mode

**mode de coupure des
mots** *N m*
hyphenation option
   Quasi-syn.: mode de césure.

**mode de numérotation (des
pages)** *N m*
page numbering style

mode (de) traçage *N m*
plotting mode

**mode déroulement
automatique** *N m*
autoflow mode
   Ant.: mode déroulement manuel.

**mode format (de
paragraphe)** *N m*
tagging mode

mode graphique *N m*
graphic(s) mode

mode paragraphe *N m*
paragraph mode

**mode (paragraphes) côte à
côte** *N m*
side-by-side paragraph format

mode point *N m*
bit-map (1)
   Syn.: bitmap; représentation binaire
      d'une image.
   Cf. image en mode point.

mode recouvrement *N m*
   Syn.: mode remplacement.

mode remplacement *N m*
typeover mode
Syn.: mode recouvrement.

mode révision *N m*
revision mode

mode texte *N m*
text mode

mode vecteur *N m*
vector mode

mode WYSIWYG *N m*
Syn.: simulation de l'impression à
l'écran.

modèle à photographier *N m*
camera-ready document
Syn.: prêt-à-photographier.
Quasi-syn.: document/original à
reproduire.

modèle d'illumination *N m*
shading model

**modèle (d'illumination) de
Gouraud** *N m*
Gouraud shading
Syn.: interpolation de Gouraud.

**modèle (d'illumination) de
Phong** *N m*
Phong shading
Syn.: interpolation de Phong; modèle
de Bui-Tuong-Phong.

**modèle de Bui-Tuong-
Phong** *N m*
Syn.: modèle (d'illumination) de
Phong.

modèle graphique *N m*
graphics model

modèle HLS *N m*
HLS color model

modèle RGB *N m*
RGB color model
RGB *est l'abréviation de* Red,
Green, Blue.
Syn.: modèle RVB.

modèle RVB *N m*
RVB *est l'abréviation de* Rouge,
Vert, Bleu.
Syn.: modèle RGB.

modèle tridimensionnel *N m*
three-dimensional model

modèle volumique *N m*
solid(s) model

modélisation *N f*
modeling

**modélisation
tridimensionnelle** *N f*
three-dimensional modeling

modélisation volumique *N f*
solid(s) modeling

**modification automatique de
marge** *N f*
automatic margin adjust
Hyperon.: ajustement des marges.

moirage (effet de) *N m*
moiré (effect)

moiré *N m*
moiré pattern
Quasi-syn.: moirage.

Monaco *N pr*
Monaco

moniteur couleur *N m*
color monitor

monochrome *A*
monochrome

montage *N m*
flat

montage (en page) *N m*
pasteup (1)

montant (d'un caractère) *N m*
Syn.: jambage ascendant.

morceau (de camembert) *N m*
Syn.: secteur (de graphique
circulaire).

mortaise *N f*
mortise

mot clé *N m*
key word
Var.: mot-clé.

mot en porte-à-faux *N m*
straddle word

mot exceptionnel *N m*
exceptional word

motif *N m*
pattern

motif de remplissage *N m*
fill pattern
Syn.: trame de remplissage.

mots à la minute *N m pl*
Words Per Minute

moucheture *N f*
mottle

multicolonnage *N m*
multicolumn capability
Var.: multi-colonnage.
Syn.: composition de texte en
colonnes; gestion de colonnes.

multifenêtrage *N m*
multiwindowing

multifenêtre *N f*
multiwindow

N

négatif *N m*
negative

négatif de sélection *N m*
separation negative

néon (effet) *N m*
neon text

**New Century
(Schoolbook)** *N pr*
New Century Schoolbook

New York *N pr*
New York

niveau de(s) gris *N m*
Syn.: échelle de(s) gris.

noir *A*
black

noir au blanc *N m*
Syn.: vidéo inverse.

noir et blanc *N m*
black and white
Quasi-syn.: impression en noir et
blanc; monochromie; tirage en
noir.

non aligné *A*
Syn.: non justifié.

non aligné à droite *A*
ragged right
Syn.: en drapeau à droite.
Ant.: non aligné à gauche.

non aligné à gauche *A*
ragged left
Syn.: en drapeau à gauche.
Ant.: non aligné à droite.

non justifié *A*
ragged
Var.: non-justifié.
Syn.: en drapeau; libre; non aligné.

normal (caractère) *A*
medium (type)
Syn.: médium.

norme graphique *N f*
graphic(s) standard

nota *N m*
nota bene
Quasi-syn.: note en bas de page.

note de bas de page *N f*
Syn.: note en bas de page.

note de fin de document *N f*
endnote
Syn.: note en fin de chapitre ou de
volume.

note de pied *N f*
Syn.: note en bas de page.

note de tête de chapitre/de paragraphe *N f*
headnote

note en bas de page *N f*
footnote (reference)
> *Syn.:* note de bas de page; note de pied; note infrapaginale; renvoi en bas de page.
> *Quasi-syn.:* nota; référence; renvoi.
> *Hyperon.:* note.

note en fin de chapitre ou de volume *N f*
> *Syn.:* note de fin de document.

note infrapaginale *N f*
> *Syn.:* note en bas de page.

note marginale (1) *N f*
marginal note

note marginale (2) *N f*
hanging shoulder note

Nova Gorica *N pr*
Nova Gorica

nuage de points *N m*
scatter

nuance (de couleurs) *N f*
tint
> *Quasi-syn.:* teinte.

nuancier *N m*
chart of colors
> *Syn.:* échelle des nuances; palette (de couleurs).

numérisation *N f*
digitizing
> *Quasi-syn.:* discrétisation.
> *Anglicisme:* digitalisation.

numériser *V*
digitize
> *Syn.:* convertir en chiffres/en numérique.
> *Quasi-syn.:* codifier en numérique; traduire.
> *Anglicisme:* digitaliser.

numériseur (1) *N m*
digitizer
> *Anglicisme:* digitaliseur.

numériseur (2) *N m*
> *Syn.:* scanner.

numériseur d'images *N m*
digital image scanner
> *Syn.:* scanner.

numéro de figure *N m*
figure number

numéro de page *N m*
page number

numéro (de page) *N m*
> *Syn.:* folio.

numérotation automatique de notes (de bas de page) *N f*
footnote numbering

numérotation automatique de pages *N f*
automatic page numbering
> *Hyperon.:* numérotation de(s) pages.

numérotation automatique de(s) paragraphes *N f*
automatic paragraph numbering
> *Hyperon.:* numérotation de paragraphes.

numérotation automatique des lignes *N f*
automatic line numbering
> *Hyperon.:* numérotation des lignes.

numérotation de paragraphes *N f*
paragraph numbering
> *Hypon.:* numérotation automatique de(s) paragraphes.

numérotation de(s) pages *N f*
page numbering
> *Syn.:* foliotage; foliotation; pagination.
> *Hypon.:* numérotation automatique de(s) pages.

numérotation des lignes *N f*
line numbering
Hypon.: numérotation automatique
des lignes.

O

obèle *N m*
dagger
Hyperon.: croix.

**oeil (de la lettre/du
caractère)** *N m*
typeface (2)

ombrage *N m*
shading

ombrage automatique *N m*
automatic shadowing

ombré *A*
shadow (1)

ombre portée *N f*
drop shadow

ombre(s) *N f (pl)*
shadow (2)

opération horizontale *N f*
crossfooting

options *N f pl*
entry options

orbe *N f*
loop

oreille *N f*
ear

orientation *N f*
orientation

**orientation normale de la
page** *N f*
normal viewing orientation

**original prêt à
photographier** *N m*
camera-ready copy
Syn.: original prêt à reproduire.

original prêt à reproduire *N m*
Syn.: original prêt à photographier.

origine de la ligne graduée *N f*
ruler zero point

ornement typographique *N m*
ornament
Quasi-syn.: vignette.

orphelin(e) *N m/f*
Syn.: ligne creuse (en bas de page).

outil de déplacement *N m*
grabber hand

**outil de traitement de
texte** *N m*
word processing tool

P

page *N f*
page (1)

page courante *N f*
current page

page courte *N f*
short page

page de faux titre *N f*
short title page
Var.: page de faux-titre.

page (de) gabarit *N f*
Syn.: page type.

page de gauche *N f*
left-hand page

page de titre *N f*
title page

page en format portrait *N f*
Syn.: (page) à la française.

page fictive *N f*
shadow page

page impaire *N f*
uneven page
Syn.: belle page; recto.

page mémoire N f
page (2)

page montée pour photogravure N f
basic reproduction page

page paire N f
verso
Syn.: fausse page; verso.

page sous-jacente N f
Syn.: fond de page.

page type N f
master page
Syn.: page (de) gabarit.

page-écran N f
video page

pages conditionnelles N f pl
conditional pages

pages en regard N f pl
facing pages
Syn.: double page.

paginateur N m
Syn.: logiciel de mise en pages.

pagination N f
pagination
Syn.: numérotation de(s) pages.
Hypon.: pagination automatique.

pagination automatique N f
automatic pagination
Quasi-syn.: coupure de page automatique; fonction (de) pagination; saut de page automatique.
Hyperon.: pagination.

pagination interactive N f
interactive pagination

paginer V
paginate
Syn.: folioter.

paire de crénage N f
kerning pair

Palatino N pr
Palatino

palette (de couleurs) N f
color look-up table
Syn.: nuancier.

panse N f
bowl
Syn.: rondeur.

PAO N f
Abrév. de **P**ublication **A**ssistée par **O**rdinateur.

paragraphe N m
paragraph

paragraphe carré N m
Syn.: alinéa à fleur de marge.

paragraphe en sommaire N m
hanging paragraph

paragraphe passe-partout N m
Syn.: paragraphe standard.

paragraphe préenregistré N m
Syn.: paragraphe standard.

paragraphe sans alinéa N m
Syn.: alinéa à fleur de marge.

paragraphe standard N m
boilerplate paragraph
Syn.: paragraphe passe-partout; paragraphe préenregistré; paragraphe-type.

paragraphe-type N m
Syn.: paragraphe standard.

paramétrage initial N m
set-up

paramètre de composition N m
typesetting parameter

parenthèse fermante N f
close parenthesis
Ant.: parenthèse ouvrante.

parenthèse ouvrante N f
open parenthesis
Ant.: parenthèse fermante.

partie cachée N f
hidden surface
Syn.: surface cachée.

partie débordante (d'une lettre) *N f*
Syn.: saillie.

pas (d'impression) *N m*
pitch

pas d'impression des caractères *N m*
Syn.: pas des caractères.

pas des caractères *N m*
character pitch
Syn.: pas d'impression des caractères.

pavé (de texte) *N m*
block text

paysage (format/impression) *A*
Syn.: à l'italienne.
Ant.: portrait.

penché (caractère) *A*
skewed (type)

perluète *N f*
ampersand
Abrév.: &.
Var.: esperluète.
Syn.: «et» commercial; signe «et».

petit(s) fond(s) *N m (pl)*
Syn.: marge intérieure.

petite illustration marginale *N f*
margin cut

petite justification *N f*
narrow measure
Ant.: pleine justification.

petites capitales *N f pl*
small caps
Syn.: petites majuscules.

petites majuscules *N f pl*
Syn.: petites capitales.

phénomène d'escalier *N m*
stairstep effect

photocomposeuse *N f*
phototypesetter

photocomposeuse à accès direct *N f*
direct entry phototypesetter

photocomposition *N f*
phototypesetting

photographie en demi-teinte *N f*
continuous-tone photograph

photogravure *N f*
photoengraving

photogravure (au) laser *N f*
Syn.: copie au laser.

photogravure offset *N f*
photolithography

photostat *N m*
photostat

photostyle *N m*
Syn.: crayon optique.

phototitrage *N m*
photolettering

pica *N m*
pica
Un pica = *4,2 mm.*
Cf. cicéro.

picothèque *N f*
clip-art disk

pied (d'un caractère) *N m*
foot (of a character)
Syn.: talon.

pied de mouche *N m*
Syn.: appel de note.

pied de page *N m*
footer
Syn.: bas de page.

pile des dictionnaires *N f*
dictionary stack

piloté par icônes *A*
Syn.: géré par icônes.

piloté par menu *A*
menu-based

piloter *V*
drive

pinceau *N m*
brush (2)

pinceau électronique *N m*
electronic paintbrush

pivoté (caractère) *A*
rotated (type)

pixel *N m*
pixel
Syn.: point pixel.

pixels par pouce *N m pl*
pixels per inch
Var.: pixels/pouce.

placard *N m*
galley
Cf. épreuve en placard.

placement du curseur *N m*
cursor positioning
Quasi-syn.: déplacement du curseur.

**placer un titre dans le texte
courant** *V*
run in (1)

plan *N m*
outline (2)

plein *N m*
thick stroke
Ant.: délié.

plein *A*
Syn.: compact.

pleine justification *N f*
full measure
Syn.: ligne pleine.

pliage *N m*
folding
Syn.: pliure.

pliure *N f*
Syn.: pliage.

poignée *N f*
handle
Hypon.: poignée de déformation;
poignée de rotation de l'inclinaison.

poignée de contrôle *N f*
control handle

poignée de déformation *N f*
Syn.: poignée de formatage.

point *N m*
point
Syn.: point typographique.

point adressable *N m*
addressable point

point centré *N m*
centered dot
Syn.: gros point.

point d'espacement *N m*
space dot
Syn.: marque d'espacement.

point d'insertion *N m*
insertion point

**point (de conduite/de
ponctuation)** *N m*
dot

point de référence visuel *N m*
view reference point
Syn.: point de vue.

point de tangente *N m*
inflection point

point de vue *N m*
Syn.: point de référence visuel.

point Didot *N m*
Didot point
Un point Didot = *0,3759 mm et un*
cicéro = *12* points Didot.

point imprimante *N m*
machine pixel

point pixel *N m*
Syn.: pixel.

point typographique *N m*
Syn.: point.

pointe (de tarte) *N f*
Syn.: secteur (de graphique circulaire).

pointes traçantes *N f pl*
plumes

pointeur *N m*
pointer
À déconseiller: dispositif de pointage.

points au pouce *N m pl*
dots per inch
Var.: points par pouce; points/pouce.

points d'attraction *N m pl*
grid points

points de conduite *N m pl*
leader dots
Quasi-syn.: ligne de conduite.

points de contrôle *N m pl*
control points

points de simili *N m pl*
Syn.: points de trame.

points de trame *N m pl*
halftone dots
Syn.: points de simili; points tramés.

points par pouce *N m pl*
Var.: points au pouce.

points tramés *N m pl*
Syn.: points de trame.

police à chasse fixe *N f*
nonproportional characters
Syn.: police non proportionnelle.

police d'écran *N f*
screen font
Syn.: caractères d'écran.

police (de caractères) *N f*
font
Syn.: fonte (de caractères); jeu de caractères.
Quasi-syn.: famille de caractères.

police de caractères à espacement proportionnel *N f*
proportional spacing font
Syn.: police proportionnelle.

police de caractères numérisée *N f*
digitized font
Var.: police de caractères numérisés.

police de caractères résidente *N f*
built-in font

police de caractères téléchargeable *N f*
downloadable font
Var.: police de caractères téléchargeables.

police de traits *N f*
line-drawing font

police duplexée *N f*
duplex(ed) font
Ant.: police multiplexée.

police en mode point *N f*
bit-map(ped) font
Syn.: fonte par points.
Ant.: fonte contour.

police multiplexée *N f*
multiplexed font
Ant.: police duplexée.

police non proportionnelle *N f*
Syn.: police à chasse fixe.
Ant.: police proportionnelle.

police proportionnelle *N f*
Syn.: police de caractères à espacement proportionnel.
Ant.: police non proportionnelle.

polychromie *N f*
full color printing

ponctuation *N f*
punctuation

ponctuation marginale *N f*
hanging punctuation

portabilité *N f*
portability

porte-à-faux *N m*
over-hang
Quasi-syn.: saillie; surplomb.

portrait (mode/impression) *A*
Syn.: à la française.
Ant.: paysage.

pose de tabulations *N f*
tab setting
Syn.: mise en place de tabulations.

positif *N m*
positive

position de départ *N f*
Syn.: position initiale.

position initiale *N f*
home position
Syn.: position de départ.

position repère *N f*
cursor memory

poste d'écriture *N m*
writing station

poste de lecture *N m*
reading station

poste de mise en pages *N m*
layout design station

poste de saisie *N m*
input station

**poste de travail en micro-
édition** *N m*
desktop publishing workstation

**poste de travail
graphique** *N m*
graphics workstation
Syn.: terminal graphique.

**poste/terminal de mise en
pages sur écran** *N m*
video layout terminal

PostScript *N pr*
PostScript

pré-maquette *N f*
rough(s)
Var.: prémaquette.
Syn.: esquisse.
Ant.: maquette de présentation.
Cf. brouillon.

**préliminaires (pages/
textes)** *N pl*
Syn.: liminaires.

première (typographique) *N*
Syn.: épreuve en première.

**préparation (automatique)
d'un index** *N f*
Syn.: indexation (automatique).

préparation du manuscrit *N f*
copy preparation

**préparation technique de la
copie** *N f*
markup

prépresse *N f*
prepress

**présentation des éléments
graphiques d'une page** *N f*
page layout

présentation en sommaire *N f*
Syn.: composition en sommaire.

présentation tête-à-tête *N f*
head-to-head arrangement
Ant.: présentation tête-bêche.

présentation tête-bêche *N f*
head-to-foot arrangement
Ant.: présentation tête-à-tête.

presse-papier *N m*
clipboard
Var.: presse-papiers.
Syn.: babillard.

prêt-à-photographier *N m*
Syn.: modèle à photographier.

prévisualisation *N f*
preview
Var.: pré-visualisation.
Syn.: aperçu avant impression.

primitive *N f*
primitive

primitive d'affichage *N f*
Syn.: primitive graphique.

primitive de sortie *N f*
Syn.: primitive graphique.

primitive graphique *N f*
graphic(al) primitive
Syn.: élément graphique; primitive
d'affichage; primitive de sortie.

prise de vue duplex *N f*
duplex

procédé électrostatique *N m*
electrostatic process
Syn.: électrophotographie.

**processeur d'image par
balayage récurrent** *N m*
Syn.: processeur d'image tramée.

**processeur d'image
tramée** *N m*
raster image processor
Syn.: processeur d'image par
balayage récurrent.

**processeur de conversion
d'information** *N m*
data conversion processor

processeur graphique *N m*
graphics processor

progiciel d'édition *N m*
word processing software package
Syn.: progiciel de traitement de texte.

**progiciel de traitement de
texte** *N m*
word processing package
Syn.: progiciel d'édition.
Quasi-syn.: logiciel de traitement de
texte(s).

progiciel graphique *N m*
graphics package

programme d'édition *N m*
Syn.: éditeur (de texte(s)).

**programme d'impression
désynchronisée** *N m*
spooler

**programme de
composition** *N m*
composition programme

**programme de coupure de
mots** *N m*
hyphenation routine

**programme de mise en forme
de texte** *N m*
Syn.: éditeur (de texte(s)).

**programme de traitement de
texte** *N m*
Syn.: logiciel de traitement de
texte(s).

**programme de vérification en
contexte** *N m*
word-usage program

projetés (caractères) *A*
projection (type)

publication *N f*
publication

**publication assistée par
ordinateur** *N f*
Abrév.: PAO.
Syn.: édition électronique.

publication électronique *N f*
Syn.: édition électronique.

publipostage (fonction de) *N m*
mail merge (capability)
Syn.: fusion (fonction de).

puce *N f*
*À ne pas confondre avec l'homonyme
puce, qui est la traduction de
l'anglais* chip.
Syn.: gros point.

Q

quadrichromie *N f*
four-color process printing
Abrév.: quadri.

quadrillage *N m*
grid pattern
Syn.: gabarit.

qualité d'impression *N f*
print quality

**qualité normale
(d'impression)** *N f*
faster (printing)

**qualité supérieure
(d'impression)** *N f*
best (printing)

R

R. L. *N m*
Abrév. de réseau local.

rafraîchissement *N m*
refresh

rail brisé *N m*
Syn.: filet de conduite brisé.

rangée *N f*
row

rappel *N m*
recall

**rappel et affichage de
formulaire préenregistré** *N m*
stored form recall/display

rapprochement (outil de) *N m*
Syn.: zoom (fonction).

rapprocher *V*
close up (1)

**rattachement automatique
des notes en bas de page** *N m*
automatic footnote tie-in
Hyperon.: rattachement des notes en
bas de page.

**rattachement des notes en
bas de page** *N m*
footnote tie-in
Hypon.: rattachement automatique
des notes en bas de page.

(re)copie de blocs de texte *N f*
block copy
Syn.: duplication de blocs de texte.

Réales *N pr*
Transitional
Classification Atypi 1962.

réaliser un publipostage *V*
Syn.: fusionner (des fichiers).

réaliser une fusion *V*
create a merge
Syn.: fusionner (des fichiers).

recherche *N f*
search (1)

**recherche et
remplacement** *N m*
search and replace
Syn.: fonction (de) recherche et (de)
remplacement; fonction recher-
che/remplace.

**recherche et remplacement
automatique** *[sur l'ensemble du
texte]* *N m*
Syn.: recherche et remplacement
globaux.

**recherche et remplacement
globaux** *N m*
global search and replace
Syn.: recherche et remplacement
automatique (sur l'ensemble du
texte); substitution dans tout le
document.

recherche globale *N f*
global search

recherche par occurrences *N f*
top-down method

rechercher *V*
search (2)

reconnaissance de formes *N f*
pattern recognition

**reconnaissance des caractè-
res à l'encre magnétique** *N f*
magnetic ink character
recognition

reconnaissance optique (des caractères) *N f*
optical character recognition
Abrév.: ROC.

recopie *N f*
screen dump

recoupe de hachures *N f*
cross hatching

rectification d'approche *N f*
tracking

recto *N m*
right-hand page
Syn.: belle page; page impaire.
Ant.: verso.

recto verso (1) *A*
back-to-back

recto verso (2) *N m*
double-sided page

recul *N m*
backspace
Syn.: retour-arrière.
Mieux que: espacement arrière.

recul avec effacement *N m*
destructive backspace
Mieux que: espacement arrière avec effacement.

récupération *N f*
retrieval

redisposition *N f*
adjust
Syn.: remise en forme.

réduction *N f*
reduction

réduction et agrandissement *N*
reducing and enlarging

réduire *V*
reduce
Ant.: agrandir.

référence *N f*
reference
Cf. note en bas de page.

réflexion *N f*
reflect tool

reformatage automatique *N m*
auto reformatting

réglette de format *N f*
ruler

réglure magnétique *N f*
Syn.: calage.

regroupement *N m*
compression
Quasi-syn.: concentration; condensation; groupage; rassemblement; tassement.

relief *N m*
Syn.: contour (2).

remanier (un texte) *V*
remake

remise en forme *N f*
reformatting
Syn.: redisposition; remise en pages.

remise en pages *N f*
Syn.: remise en forme.

remplacement (1) *N m*
replace (1)
Syn.: substitution.

remplacement (2) *N m*
typeover

remplacement sélectif *N m*
selective replace

remplacer *V*
replace (2)

remplir *V*
fill (1)

remplissage *N m*
fill (2)

remplissage de formulaire *N m*
Syn.: inscription de données (sur un formulaire).

remplissage en grisé *N m*
gray fill pattern

renfoncement automatique pour impression recto-verso *N m*
left page shift

renfoncement (d'une ligne) *N m*
Syn.: alinéa; rentrée.

renfoncement de paragraphe *N m*
paragraph indent

renfoncement progressif *N m*
skewed indent

renfoncer (une ligne/un bloc de texte) *V*
indent (2)
Syn.: décaler (un bloc de texte); rentrer (une ligne).
À déconseiller: indenter (un bloc de texte).

renouement automatique des mots *N m*
automatic word wraparound
Hyperon.: renouement de(s) mots.

renouement de mots (fonction de) *N m*
word wrap (feature)
Syn.: bouclage de mots; retour à la ligne automatique; retour à la ligne (automatique) sur mots incomplets.
Quasi-syn.: saisie/frappe au kilomètre.

renouement de(s) colonnes *N m*
column wrap

renouement de(s) mots *N m*
word wraparound
Syn.: écriture en lacet.
Hypon.: renouement automatique des mots.

renouer *V*
wrap

rentré *A*
indented
Syn.: en alinéa; en retrait.

rentrée *N f*
indention
Syn.: alinéa; renfoncement (d'une ligne); retrait.
Anglicisme: indentation.

rentrer (une ligne) *V*
Syn.: renfoncer (une ligne/un bloc de texte).

renumérotation *N f*
renumbering

renumérotation automatique de notes (de bas de page) *N f*
footnote renumbering

renvoi *N m*
Syn.: appel de note.

renvoi en bas de page *N m*
Syn.: note en bas de page.

repagination *N f*
repagination
Hypon.: repagination automatique.

repagination automatique *N f*
automatic repagination
Hyperon.: repagination.

repaginer *V*
repaginate

repérage des couleurs *N m*
color registration

repérage précis *N m*
hairline register

repère de calage *N m*
guide mark

repère de colonne *N m*
column guide
Syn.: guide (de colonne); ligne-guide.

repère en croix *N m*
cross mark

repères *N m pl*
register marks

repères de cadrage *N m pl*
Syn.: traits de coupe.

repères de coupe *N m pl*
Syn.: traits de coupe.

repères de rogne *N m pl*
Syn.: traits de coupe.

répertoire *N m*
directory

répertoire syllabique *N m*
exception word dictionary

répétition automatique de(s) bas de page *N f*
automatic footers
Hyperon.: répétition automatique de constantes.

répétition automatique de(s) hauts de page *N f*
Syn.: répétition automatique d'entêtes de page.
Hyperon.: répétition automatique de constantes.

répétition automatique des en-têtes et des bas de page *N f*
automatic headers/footers
Hyperon.: répétition automatique de constantes.

répétition automatique des/ d'en-têtes de page *N f*
automatic headers
Syn.: en-tête automatique.
Quasi-syn.: répétition automatique de hauts de page.
Hyperon.: répétition automatique de constantes.

report *N m*
page offset

représentation binaire d'une image *N f*
Syn.: mode point.

reprise d'impression *N f*
resume print

reprographie *N f*
reprography

réseau local *N m*
local area network
Abrév.: R. L.

réserve *N f*
block (2)
Syn.: cadre.

résolution *[anglicisme courant] N f*
Cf. définition.

résolution spatiale *[anglicisme courant] N f*
Cf. définition spatiale.

RET *N*
RET

rétablir (dans l'ordre précédent) *V*
unsort

retouche *N f*
retouching

retour à la ligne automatique *N m*
automatic carrier return
Syn.: renouement de mots; retour-marge automatique.

retour à la ligne (automatique) sur mots incomplets *N m*
Syn.: renouement de mots.

retour(-)arrière *N m*
Syn.: recul.

retour arrière automatique *N m*
measured backspace

retour automatique en fin de texte *N m*
automatic forward reset

retour conditionnel *N m*
soft carriage return
Hyperon.: retour (de/du) chariot.
Ant.: retour requis.

retour (de/du) chariot *N m*
carriage return

retour implicite à la normale *N m*
default reversion

retour requis *N m*
hard (carriage) return
> *Hyperon.:* retour (de/du) chariot.
> *Ant.:* retour conditionnel.

retour-marge *N m*
carrier return
> *Hypon.:* retour-marge automatique.

retour-marge automatique *N m*
> *Syn.:* retour à la ligne automatique.

retrait *N m*
> *Syn.:* alinéa; rentrée.

retrait de première ligne *N m*
first line indent

retrait négatif *N m*
> *Syn.:* composition en sommaire.

réviser *V*
edit
> *Syn.:* mettre en forme.

révision *N f*
editing

RIP *N m*
RIP
> *Abrév. de* Processeur d'Image Tramée.
> *À déconseiller:* rastériseur.

ROC *N f*
> *Abrév. de* Reconnaissance Optique des Caractères.

rognage *N m*
cropping
> *Syn.:* coupe; rogne.

rogne *N f*
> *Syn.:* rognage

rogner *V*
crop
> *À déconseiller:* délimiter.

romain *A*
roman
> *Ant.:* italique.

Romain *N pr*
Roman

rondeur *N f*
> *Syn.:* panse.

rotation (d'image) *N f*
rotation

rotoscopie *N f*
rotoscoping

rouge, vert, bleu *[couleurs additives]* *N m*
red, green, blue
> *Abrév.:* RVB.

rubrique *N f*
field

rue *N f*
> *Syn.:* blanc vertical; lézarde.

ruelle *N f*
> *Syn.:* blanc vertical.

rupture *N f*
break

rupture de colonne *N f*
column break

rupture de ligne *N f*
line break

rupture de page *N f*
> *Syn.:* saut de page.

RVB *N m*
> *Abrév. de* Rouge, Vert, Bleu

S

saillie *N f*
kern
> *Syn.:* partie débordante (d'une lettre).

saisie d'informations *N f*
> *Syn.:* saisie de(s) données.

saisie de(s) données *N f*
data entry
Syn.: entrée de données; introduction de données; saisie d'informations.

sans alinéa *A*
Syn.: au fer.

sans empattement *A*
Syn.: linéale.

sans interligner *A*
Syn.: compact.

sans renfoncement *A*
Syn.: au fer.

sans serif *A*
Var.: sans sérif.
Syn.: linéale.

saturation (d'une couleur) *N f*
Syn.: densité (d'une couleur).

saut de page *N m*
page break
Syn.: coupure de page; rupture de page.
Hypon.: saut de page automatique.

saut de page automatique *N m*
automatic page break
Hyperon.: saut de page.

saut de page forcé *N m*
Syn.: coupure de page à la demande.

saut (fonction) *N m*
skip (capability)

scanner *N m*
scanner
Syn.: balayeur optique; numériseur (d'images).

scanner à enroulement *N m*
Syn.: scanner à rouleau.

scanner à plat *N m*
flatbed scanner

scanner à rouleau *N m*
sheetfed scanner
Syn.: scanner à enroulement.

scanner à spot mobile *N m*
flying spot scanner

scanner couleur *N m*
color scanner

scanner d'entrée *N m*
input scanner

scanner laser *N m*
laser scanner

scanner laser à argon ionisé *N m*
argon-ion laser scanner

scanner laser à plat *N m*
flatbed laser scanner

scanner numérique *N m*
digital scanner

scanner optique *N m*
Syn.: lecteur optique.

Scripte *N pr*
Script
Classification Atypi 1962.

scripte *N m*
script (type/font)

secteur (de graphique circulaire) *N m*
pie slice
Syn.: morceau/tranche (de camembert); pointe (de tarte).

segment *N m*
segment

segment graphique *N m*
graphics segment

sélecteur d'éléments *N m*
item selector (dialog) box
Syn.: fenêtre de sélection.

sélection des couleurs *N f*
color separation(s)
Syn.: séparation de(s) couleurs.
Quasi-syn.: sélection directe des couleurs.

sélectionner *V*
select

sensible à la capitalisation *A*
case significant

séparateur *N m*
separator
Syn.: délimiteur.

séparation de(s) couleurs *N f*
Syn.: sélection des couleurs.

séparation quadrichromatique *N f*
four-color separation

série de caractères *N f*
type series

serif *N m*
Var.: sérif.
Syn.: empattement.

serré (caractère) *A*
Syn.: étroit (caractère).

signe § *N m*
section mark

signe d'insertion *N m*
caret
Syn.: signe d'omission.

signe d'omission *N m*
Syn.: signe d'insertion.

signe de référence *N m*
Syn.: appel de note.

(signe de) renvoi *N m*
Syn.: appel de note.

signe diacritique *N m*
diacritic(al) mark
Syn.: diacritique.

signe «et» *N m*
Syn.: perluète.

signe spécial *N m*
dingbat

signe (typographique) *N m*
sign

signes de ponctuation *N m pl*
punctuation marks

signes spéciaux Zapf *N m pl*
Zapf dingbats
Syn.: Zapf Dingbats.

simili *N f*
Abrév. de: similigravure.

simili à blancs purs *N f*
highlight halftone
Syn.: simili détourée.

simili à hautes lumières *N f*
dropout halftone
Quasi-syn.: simili(gravure) à blancs purs.

simili détourée *N f*
silhouette (halftone)
Syn.: simili à blancs purs.

simili deux tons *N f*
duotone
Var.: simili deux-tons.

simili en dégradé *N f*
Syn.: dégradé.

simili grand creux *N f*
deep-etch(ed) halftone

simili numérisée *N f*
Abrév. de: similigravure numérisée.

similigravure *N f*
halftone
Abrév.: simili.

similigravure numérisée *N f*
digitized halftone
Abrév.: simili numérisée.

simulation de l'impression à l'écran *N f*
What You See Is What You Get
Syn.: mode WYSIWYG.

solarisation *N f*
solarization

sortie d'imprimante *N f*
Syn.: document imprimé.

sortie (d'ordinateur) *N f*
output

sortie d'ordinateur sur microfilm *N f*
computer output microfilm
Abrév.: COM.
Quasi-syn.: microfilm de sortie d'ordinateur; unité d'impression sur microfilm.

sortie de scanner *N f*
scanner output

sortie sur film *N f*
film output

sortie sur papier ordinaire *N f*
plain-paper output

sortir un état sur imprimante *V*
Syn.: imprimer un état.

soulignage (automatique) *N m*
Var.: soulignement (automatique).

soulignage continu *N m*
Var.: soulignement continu.

soulignement *N m*
underlining
Var.: soulignage.
Hypon.: soulignement automatique.

soulignement automatique *N m*
automatic underlining
Var.: soulignage automatique.
Hyperon.: soulignement.

soulignement continu *N m*
continuous underlining
Var.: soulignage continu.

soulignement du caractère *N m*
character underlining

souligner *V*
underline (1)

souris optique *N f*
optical mouse

sous-image *N f*
subpicture

sous-titre *N m*
subhead (1)

sous-titre centré *N m*
crosshead

spécifications d'impression *N f pl*
printing instructions

spoule *N m*
spool
Syn.: traitement des impressions en différé.

standard *A*
plain text

standard (document/fonction/ graphisme/texte) *A*
boilerplate (document/feature/ graphics/text)

standard (format) *N m*
default (format)
Syn.: défaut; implicite.

style *N m*
style

style de caractères *N m*
type style

style de paragraphe *N m*
paragraph style

style normal *N m*
normal style

stylo électronique *N m*
Syn.: crayon électronique.

substitution *N f*
Syn.: remplacement (1).

substitution dans tout le document *N f*
global substitution
Syn.: recherche et remplacement globaux.

superpolice *N f*
superfont

superposition *N f*
overstrike (2)
Syn.: surfrappe.

suppression *[d'un texte, d'un fichier]* N f
deletion
  Syn.: élimination.

suppression de lignes cachées N f
  Syn.: élimination de lignes cachées.

supprimer *[un texte, un fichier]* V
delete
  Abrév.: suppr.
  Syn.: éliminer.

supprimer l'alinéa V
run on

surface cachée N f
  Syn.: partie cachée.

surface de remplissage N f
fill area

surfrappe N f
overtyping
  Syn.: superposition.

surimpression N f
strikeover

surtitre N m
kicker

symbolisation N f
greeking

système d'édition électronique N m
electronic publishing system

système d'édition sur micro-ordinateur N m
microcomputer publishing system

système d'édition sur mini-ordinateur N m
minicomputer publishing system

système d'édition sur ordinateur central N m
mainframe publishing system

système d'épreuves N m
proofing system

système d'exploitation du réseau N m
network-operating system

système d'imagerie électronique N m
electronic imaging system

système de composition N m
composition system

système de composition électronique N m
electronic composition system

système de composition interactif N m
interactive composition system

système de composition de page(s) N m
page composition system

système de montage de pages N m
page make-up system

système de traitement électronique des couleurs N m
color workstation system

système de traitement par document N m
document-oriented system

système de traitement par page N m
page-oriented system

système dédié de traitement de texte *[anglicisme]* N m
  Cf. système (spécialisé) de traitement de textes.

système électrographique d'épreuves couleur N m
direct digital color proofer
  Abrév.: D.D.C.P.

système frontal N m
front-end system

système graphique *N m*
graphics system

système graphique bidimensionnel *N m*
two-dimensional graphic system

système graphique tridimensionnel *N m*
three-dimensional graphic system

système intégré *N m*
integrated system

système modulaire *N m*
modular system

système Pantone *N m*
Pantone Matching System

système rédactionnel *N m*
editorial system

système (spécialisé) de traitement de textes *N m*
(dedicated) word processor
Syn.: logiciel de traitement de texte(s).
Anglicisme: système dédié de traitement de texte.

T

table *N f*
Syn.: tableau (de données).

table de chasse *N f*
width table

table des matières (fonction) *N f*
table of contents (feature)

table graphique vectorielle *N f*
vector graphic table

table traçante *N f*
Syn.: traceur (de courbes).

tableau (de données) *N m*
array
Syn.: table.

tableautage (fonction de) *N m*
table (feature)
Syn.: création et gestion des tableaux.

tablette à digitaliser *[anglicisme courant]* **N f**
Cf. tablette à numériser.

tablette graphique *N f*
graphics tablet

tableur (électronique) *N m*
spreadsheet program
Syn.: chiffrier (électronique).

tabulateur *N m*
tab key

tabulation *N f*
tabulation

tabulation automatique des décimales *N f*
automatic decimal tab
Hyperon.: tabulation décimale.

tabulation décimale *N f*
decimal tab
Syn.: alignement décimal.
Hypon.: tabulation automatique des décimales.
À déconseiller: tabulation numérique.

taille *N f*
size (1)
Syn.: force du corps.

taille du papier *N f*
paper size

talon *N m*
Syn.: pied (d'un caractère).

talus *N m*
shoulder

talus d'approche *N m*
Syn.: approche.

talus latéral *N m*
Syn.: approche.

(taquet de) tabulation *N f*
tab stop

tarte *N f*
pie
Syn.: graphique de décomposition.

TdT *N m*
Var.: TDT; TT; T/T.
Abrév. de Traitement de Texte.

technique de l'élastique *N f*
rubber-band line-drawing

teinte *N f*
hue
Syn.: tonalité.
Quasi-syn.: nuance (de couleurs).

tel écran tel écrit *A*
Syn.: WYSIWYG.

**terminal à écran de
visualisation** *N m*
video display terminal

**terminal de composition de
page(s)** *N m*
page composition terminal

terminal de mise en pages *N m*
page makeup terminal

terminal graphique *N m*
Syn.: poste de travail graphique.

tête d'écriture *N f*
writing head

tête de chapitre *N f*
Syn.: titre de chapitre.

tête de lecture *N f*
reading head

têtière *N f*
Syn.: marge de tête.

têtière multicolonne *N f*
spanner head(ing)

texte *N m*
text

texte à interligne simple *N m*
single-spaced text

texte au kilomètre *N m*
running text

texte balisé *N m*
tagged text

texte caché *N m*
hidden text

texte courant *N m*
body text (2)
Syn.: composition courante.

texte préliminaire *N m*
Syn.: liminaires.

texte pur *N m*
text-only (document)

texte sur deux colonnes *N m*
double column

texte symbolisé *N m*
Greek text

texte variable *N m*
variable text

thermographie *N f*
thermography
Quasi-syn.: thermogravure.

tige *N f*
Syn.: jambage.

Times *N pr*
Times

tirage d'épreuves *N m*
proofing

tiret *N m*
Syn.: tiret cadratin.

tiret cadratin *N m*
em dash
Syn.: longue; tiret; tiret de douze
points.

tiret court *N m*
Syn.: tiret sur demi-cadratin.

tiret de douze points *N m*
Syn.: tiret cadratin.

tiret insécable *N m*
nonbreaking hyphen

tiret sur demi-cadratin *N m*
en dash
> *Syn.:* tiret court.

tirets de conduite *N m pl*
dash leaders

titrage *N m*
titling

titraille *N f*
display matter

titre (1) *N m*
title

titre (2) *N m*
head
> *Quasi-syn.:* intitulé; titre courant.

titre bâtard *N m*
bastard title
> *Syn.:* faux titre.

titre centré *N m*
center head

titre courant *N m*
running head

titre courant de/en bas de page *N m*
running foot

titre de chapitre *N m*
chapter heading
> *Syn.:* tête de chapitre.

titre de dos *N m*
back title

titre de l'illustration *N m*
figure title

titre de rappel *N m*
slug

titre de tourne *N m*
jump head

titre en marge *N m*
marginal head

titre en porte-à-faux *N m*
straddle head

titre encadré *N m*
boxhead

titre in-texte *N m*
run-in (1)

titre inséré *N m*
cut-in head

titre principal *N m*
> *Syn.:* grand titre.

ton(s) *N m (pl)*
tone(s)

tonalité *N f*
> *Syn.:* teinte.

toner *N m*
toner

touche à action répétitive *N f*
automatic repeat key

touche contrôle *N f*
control key (2)
> *Abrév.:* touche CTRL.

touche curseur *N f*
> *Syn.:* touche de directivité.

touche d'espacement arrière *N f*
> *Syn.:* touche de recul.

touche de caractère *N f*
character key
> *Ant.:* touche de fonction.

touche de déplacement (du curseur) *N f*
> *Syn.:* touche de directivité.

touche de direction *N f*
> *Syn.:* touche de directivité.

touche de directivité *N f*
arrow key
> *Syn.:* touche curseur; touche de déplacement (du curseur); touche de direction.

touche (de) fonction *N f*
control key (1)
> *Syn.:* touche de service.
> *Quasi-syn.:* touche de commande.
> *Ant.:* touche de caractère.
> *À déconseiller:* touche code *[touche*
> *de fonction particulière en*
> *WordPerfect].*

touche de positionnement du curseur *N f*
cursor control key

touche de rappel arrière *N f*
> *Syn.:* touche de recul.

touche de recul *N f*
backspace key
> *Syn.:* touche d'espacement arrière;
> touche de rappel arrière.

touche de répétition *N f*
repeat key

touche de retour à la ligne *N f*
carriage return key
> *Syn.:* touche de retour à la marge.

touche de retour à la marge *N f*
> *Syn.:* touche de retour à la ligne.

touche de retour à la position initiale *N f*
home key

touche de service *N f*
> *Syn.:* touche (de) fonction.

touche morte *N f*
dead key

tourner une image *V*
flop

traçage automatisé sur gabarit *N m*
autotrace

tracé élastique *N m*
rubber-band line

tracé en réduction *N m*
> *Syn.:* tracé miniaturisé.

tracé miniaturisé *N m*
thumbnail (sketch)
> *Syn.:* tracé en réduction.

traceur à trame *N m*
> *Syn.:* traceur par ligne.

traceur (de courbes) *N m*
plotter
> *Syn.:* table traçante.

traceur numérique *N m*
digital plotter

traceur par ligne *N m*
raster plotter
> *Syn.:* traceur à trame.

trait d'union *N m*
hyphen
> *Cf.* tiret.

trait d'union conditionnel *N m*
discretionary hyphen

trait d'union fixe *N m*
hard hyphen
> *Syn.:* trait d'union permanent.

trait d'union obligatoire *N m*
required hyphen

trait d'union permanent *N m*
> *Syn.:* trait d'union fixe.

trait discontinu *N m*
broken line
> *Ant.:* trait plein.

trait plein *N m*
continuous line
> *Ant.:* trait discontinu.

trait tramé *N m*
half line

traitement d'image *N m*
> *Var.:* traitement de l'image.

traitement de film *N m*
film processing

traitement de graphiques couleur *N m*
color graphics

**traitement de graphiques
d'affaires** N m
Syn.: infographie de gestion.

**traitement de graphiques de
gestion** N m
Syn.: infographie de gestion.

traitement de l'image N m
image processing
Var.: traitement d'image.
Quasi-syn.: infographie.

**traitement de
l'information** N m
information processing
Quasi-syn.: traitement (automatique) de(s) données.

traitement de liste N m
list processing

**traitement de texte
automatisé** *[pléonasme]* N m
computerized word processing

traitement de texte(s) N m
word processing
Abrév.: TDT; TdT; TT; T/T.
Pléonasme: traitement de texte automatisé.

**traitement de texte
scientifique** N m
scientific word processor

**traitement des impressions
en différé** N m
Syn.: spoule.

traitement multitâche N m
multi-tasking

**traitement numérique
d'épreuve** N m
digital proofing

traitement rédactionnel N m
editorial process(ing)

**traits d'union
automatiques** N m pl
automatic hyphens

traits de coupe N m pl
crop marks
Syn.: abeilles; lignes de rognage;
marques de cadrage; marques de
recadrage; marques de repérage;
repères de cadrage; repères de
coupe; repères de rogne.

trajectoire N f
trajectory

trajectoire fermée N f
closed trajectory

trajectoire ouverte N f
open trajectory

tramage N m
screening

tramage des illustrations N m
dithering
Syn.: dithering.
Quasi-syn.: juxtaposition.

trame N f
raster

tramé A
filled

trame à lignes N f
line screen
Syn.: trame lignée.

trame cristal N f
Syn.: trame de similigravure.

trame de remplissage N f
Syn.: motif de remplissage.

trame (de) simili N f
screen (3)
Syn.: trame de similigravure.

trame de similigravure N f
halftone screen
Syn.: trame cristal; trame (de) simili;
trame pour similigravure.
Quasi-syn.: trame quadrillée.

trame demi-ton N f
dither(ed) pattern

trame lignée N f
Syn.: trame à lignes.

trame pour similigravure *N f*
Syn.: trame de similigravure.

trame quadrillée *N f*
crossline screen

tramer *V*
screen (1)

tranche (de camembert) *N f*
Syn.: secteur (de graphique circulaire).

transfert thermique *N m*
thermal transfer

**transfert thermique de
cire** *N m*
wax thermal transfer

**transfert/suppression de
colonnes** *N m/f*
column move/delete

transformation *N f*
transformation

transformation d'échelle *N f*
Syn.: changement d'échelle.

**transformation
(géométrique)** *N f*
(geometric) transformation

translation *N f*
translation

transparent *N m*
transparency

transverse *N f*
bar
Syn.: barre.

transverse supérieure *N f*
arm

travail éditorial *N m*
copy editing

travail en réseau *N m*
networking

très étroit (caractère) *A*
extra-condensed

très fin *A*
extra light

très gras (caractère) *A*
Syn.: extra-gras (caractère).

très noir *A*
extra-black

tri *N m*
sort (1)

**tri (alphabétique) sur blocs
de texte** *N m*
block sort

tri croissant *N m*
Syn.: tri dans l'ordre croissant.

tri dans l'ordre croissant *N m*
sort in ascending order
Syn.: tri croissant.

**tri dans l'ordre
décroissant** *N m*
sort in descending order
Syn.: tri décroissant.

tri décroissant *N m*
Syn.: tri dans l'ordre décroissant.

tri multiclé *N m*
sort on more than one key
Syn.: tri sur plusieurs champs.

tri sur plusieurs champs *N m*
Syn.: tri multiclé.

tridimensionnel *A*
three-dimensional
Syn.: à trois dimensions; en trois
dimensions.

trier *V*
sort (2)

**trois points de
suspension** *N m pl*
ellipses

TT *N m*
Var.: TDT; TdT; T/T.
Abrév. de Traitement de Texte.

type (de caractère) *N m*
type
> *Les lettres sont classées par* type *de caractères.*

typothèque *N f*
font library

U

UCT *N f*
> *Abrév. de* Unité Centrale de Traitement.

unité centrale de traitement *N f*
central processing unit
> *Abrév.:* UCT.

unité de traitement de trame-image *N f*
raster image processing system

unité de trame *N f*
raster unit
> *Syn.:* unité-écran.

unité-écran *N f*
> *Syn.:* unité de trame.

Univers *N pr*
Univers

V

valeur d'approche *N f*
escapement value

valeurs TDL *N f pl*
HIS values
> *Abrév. de* Teinte, Densité, Luminosité.

variable *N f*
variable

variation d'échelle *N f*
> *Syn.:* changement d'échelle.

vecteur *N m*
vector

vectoriel *A*
vector-oriented

vérificateur d'orthographe (logiciel) *N m*
spelling checker
> *Syn.:* détecteur de fautes d'orthographe; logiciel de vérification orthographique; programme de vérification orthographique; vérificateur orthographique.
> *Quasi-syn.:* correcteur (d'orthographe/orthographique); logiciel de correction orthographique; programme de correction de l'orthographe; programme de correction orthographique.

vérificateur orthographique *N m*
> *Syn.:* vérificateur d'orthographe.

vérification orthographique (programme de/logiciel de) *N f*
> *Syn.:* vérificateur d'orthographe.

verso *N m*
> *Syn.:* page paire.
> *Ant.:* recto.

vertex *N m*
vertex

veuve *N f*
> *Syn.:* ligne creuse (en haut de page).

vidéo inverse *N m*
reverse video
> *Syn.:* affichage en négatif; noir au blanc.

vignette *N f*
vignette
> *Quasi-syn.:* ornement typographique.

virgule flottante *N f*
floating-point

(vision en) format réduit *N f*
> *Syn.:* vue réduite.

vision pré-impression *N f*
viewing

visualisation *N f*
> *Syn.:* affichage (à l'écran).

vitesse d'impression *N f*
print rate

volume de visualisation *N m*
Syn.: volume de vue.

volume de vue *[d'un objet tridimensionnel]* N m
view volume
Syn.: volume de visualisation.

vue de côté *N f*
side view

vue en coupe *N f*
cross-section (view)

vue normale *N f*
normal view
Ant.: vue réduite.

vue réduite *N f*
reduced view
Syn.: (vision en) format réduit.

W

WYSIWYG *A*
WYSIWYG
Syn.: équivalence écran-tirage; tel écran tel écrit.

Z

Zapf Chancery *N pr*
Zapf Chancery

Zapf Dingbats *N pr*
Syn.: signes spéciaux Zapf.

zone d'ajustement *N f*
hyphenation zone
Syn.: zone de coupure automatique.

zone d'impression *N f*
print area

zone de coupure automatique *N f*
hot zone
Syn.: zone d'ajustement; zone de fin de ligne.

zone de fin de ligne *N f*
line-end zone
Syn.: zone de coupure automatique.

zone de tramage *N f*
dot area

zoom (effet de) *N m*
Syn.: loupe (effet de).

zoom (fonction) *N m*
zoom
Syn.: loupe (fonction); rapprochement (outil de).

BIBLIOGRAPHIE SÉLECTIVE DE L'ÉDITIQUE

Plutôt que d'imposer au lecteur notre bibliographie de travail, beaucoup plus longue que celle-ci, nous indiquons les travaux qui nous semblent les plus utiles sur l'éditique et son vocabulaire.

I. Monographies

Acerson (Karen L.). *WordPerfect 5.1: The Complete Reference*. Berkeley, CA: Osborne McGraw-Hill; 1990. 1 327 pages.

Berst (Jesse), Roth (Stephen), Kvern (Olav Martin), Dunn (Scott). *Real World PageMaker 4. Windows Edition. Industrial Strength Techniques*. New York: Bantam Book Computer; 1991. xxxiv+429 pages.

Bove (Tony), Rhodes (Cheryl) & Thomas (Wes). *The Art of Desktop Publishing. Using Personal Computers To Publish It Yourself*. Toronto: Bantam Books, 2ᵉ éd.; 1988. 296 pages.

Burke (Clifford). *Type from the Desktop Designing with Type and your Computer*. Chapel Hill, NC: Ventana Press; 1990. xvii+226 pages.

Burns (Diane) & Venit (Sharyn). *The Official QuarkXPress 3.0 Handbook*. New York: Bantam Computer Books; 1990. xxi+506 pages.

Burns (Diane) & Venit (Sharyn). *Using PageMaker IBM Version. 2nd ed. Revised for PageMaker 3.0* by Reyna Cowan Carmel, IN: Que. Corp.; 1989. xxiv+511 pages.

Burns (Diane), Venit (Sharyn) en collaboration avec Hansen (Rebecca). *The Electronic Publisher*. New-York: Brady; Simon & Schuster, Inc.; 1988. xiv+466 pages.

Busch (David D.). *The Complete Scanner. Handbook for Desktop Publishing*. PC Edition: Dow Jones-Irwing; 1990. xv+400 pages.

Cavuoto (James) & Berst (Jesse). *Inside Xerox Ventura Publisher. A Guide to Professional-Quality Desktop Publishing*. 2ᵉ éd. Torrance, CA/Thousand Oaks, CA: Micro Publishing/New Riders Publishing; 1987, 1989. 692 pages.

Courte (Jean-Christophe). *Guide P.S.I. de Word 4 sur Macintosh*. Paris: P.S.I.; 1989. 639 pages.

Crane (Mark W.) & coll. *Word for Windows Companion*. Louisville, Kentucky: The Cobb Group; 1990. xvi+864 pages.

Dean (David). *Using Microsoft Word for Windows*. Berkeley Toronto: Osborne McGraw-Hill; 1990. xxv+594 pages.

Donay (Bernadette) & Donay (Christophe). *Le Livre de Ventura*. Paris: P.S.I.; 1988. 286 pages.

Eckhardt (Robert C.). *FullWrite Professional Handbook*. Covers Versions 1.0 and 1.1. New York: Simon & Schuster; 1989. XVIII+715 pages.

Ettlin (Walter A.). *WordStar Professional Made Easy*. Berkeley, CA: Osborne McGraw-Hill; 1988. xiii+306 pages.

Fenton (Erfert). *The Macintosh Font Book. Typographic Tips, Techniques and Resources*. Berkeley, CA: Peachpit Press; 1989. xi+260 pages.

Flock (Emil), Silverman (Jonathan), Silverman (Arthur). *WordStar Complete. Covers Version 5.5*. Glenview, IL / London: Scott, Foresman; 1990. xxvi+420 pages.

Harrington (Steven J.) & Buckley (Robert R.). *Interpress. The Source Book*. New York, NY: Brady; 1988. xv+494 pages.

Holt (Marilyn) & Birmele (Ricardo). *Ventura. The Complete Reference. Covers Version 2 & Professional Extension*. Berkeley, CA: Osborne McGraw-Hill; 1989. XVI+637 pages.

Holzgang (David A.). *Understanding Postscript Programming*. San Francisco, CA: Sybex; 1987. 459 pages.

Kenyon (Rebecca A.). *Using FullWrite Professional*. Carmel, IN: Que; 1989. xx+566 pages.

Kinata (Chris) & McComb (Gordon). *Working with Word. The Definitive Guide to Microsoft Word on the Apple Macintosh*. 2e éd., version 4 Redmond, WA: Microsoft Press; 1988, 1989. xiii+736 pages.

Kleper (Michael L.). *The Illustrated Handbook of Desktop Publishing and Typesetting*. 2e éd. P.O. Box 40, Blue Ridge Summit, PA 17214: TAB Professional and Reference Books; 1990 (1re éd.: 1987). xix+927 pages (1re éd.: xiv+770 pages).

Kraus (Helmut). *Le Grand Livre de Corel Draw! Version 1.2 française et 2.0 américaine*. Traduit de l'allemand par Hassina Abbashbay. Paris: Micro Application; 1990. 451 pages.

Krumm (Rob). *The Best Book of: Microsoft Word for the Macintosh*. Carmel, IN: Sams; 1990. xx+577 pages. (Hayden Books Macintosh Library.)

Krumm (Rob). *Ventura 2.0*. 2e ed. Portland, OR: MIS: Press; 1989. x+654 pages.

Krumm (Rob). *WordPerfect for the Macintosh*. Portland, OR: MIS Press; 1988. viii+541 pages.

Le Du (Bernard) & Lalisse (Alain). *PAO, Le Livre de la micro-édition*. Paris: Sybex; 1987. viii+278 pages (Collection Performance).

Le Groupe Logiforces. *L'Édition électronique*. Montréal: Publications Transcontinental Inc.; 1989. 160 pages.

Lenz (Scott) & Ackerman (Charles). *Sprint. A Power User's Guide. Official Borland Advanced Guide*. Toronto, etc.: Wiley; 1990. xxi+278 pages.

Makuta (Daniel J.) & Lawrence (Bill F.). *The Complete Desktop Publisher*. Greensboro, NC: Compute Publications Inc.; 1986. 293 pages.

Matthews (Carole Boggs) & Matthews (Martin S.). *WordStar Professional. Series 5 ed.* Berkeley, CA.: McGraw-Hill; 1989. xvii+548 pages.

Matthews (Martin S.) & Boggs Matthews (Carole). *Using PageMaker for the PC. Version 3.* 2ᵉ éd. Berkeley, CA: Osborne McGraw-Hill; 1988 (1ʳᵉ éd.: 1987); 1988 (2ᵉ éd.). xviii+579 pages.

McClelland (Deke). *Painting on the PC. A non-artist's drawing guide to PC Paint,* Dr. Halo, Publisher's Paintbrush, and many others. Homewood, IL: Dow Jones-Irwing; 1989. vii+342 pages. (Dow Jones-Irwing Desktop Publishing Company.)

McClelland (Deke) & Danuloff (Craig). *Desktop Publishing Type & Graphics.* Boston/San Diego/New York: Harcourt Brace Jovanovich; 1987. x+265+[38] pages.

McClelland (Deke) & Danuloff (Craig). *Mastering Adobe Illustrator PC.* Homewood, IL: Dow Jones-Irwing; 1989. ix+317 pages+pages G-1 à G-11. (Dow Jones-Irwing Desktop Publishing Library.)

McClelland (Deke) & Danuloff (Craig). *Mastering Aldus Freehand Version 2.0.* Homewood, IL: Jones-Irwing; 1990. vii+455 pages. (Dow Jones-Irwing Desktop Publishing Library.)

McClelland (Deke) & Danuloff (Craig). *The PageMaker Companion. PC Version 3.0.* Homewood, IL: Dow Jones-Irwing Desktop Publishing Library; 1989. xxix+556+18 pages.

McComb (Gordon). *WordPerfect 5.1 Macros and Templates.* New York: Bantam Computer Books; 1990. 663 pages.

Mueller (John) & Wang (Wallace E.). *Illustrated PFS: First Publisher.* Plano, TX: Wordware Publishing Inc.; 1990. vii+192 pages.

Murray (Katherine). *Using PFS: First Publisher.* Carmel, IN: Que.; 1989. xx+406 pages.

Neibauer (Alan R.). *WordPerfect 5.1 Tips and Tricks.* San Francisco / Paris / Düsseldorf / Londres: Sybex; 1990. xlvi+685 pages.

Parker (Roger C.). *Desktop Publishing with WordPerfect for 5.0 and 5.1.* Chapel Hill, NC: Ventana Press; 1990. 306 pages.

Perry (Greg M.). *PFS: First Publisher Made Easy.* Berkeley/Montréal/ : Osborne McGraw-Hill; 1990. xx+354 pages.

Person (Ron) & Rose (Karen). *Using Word for Windows. Complete Introduction for Version 1.* Carmel, IN: Que; 1990. xxx+657 pages. The Renegade Company.

Sakson (Donna) & Taylor (Carol). *Using MS Word for Windows.* New York, Toronto, etc.: Bantam Computer Books; 1990. xvii+412 pages.

Utvich (Michael). *The Ventura Publisher Solutions Book. Recipe for Advanced Results. Covers Version 2 and the Professional Extension*; 1989. XXIX+525 pages. (The Bantam-ITC Series.)

Will-Harris (Daniel). *WordPerfect Desktop Publishing in Style. Covers 5.0 & 5.1.* Berkeley, CA: Peachpit Press; 1990. [12]+iv+645 pages.

II. Ouvrages lexicographiques et terminologiques

Bell Canada. Services linguistiques. *La Bureautique intégrée : lexique = The Integrated office : glossary*. Montréal: Bell Canada, Centre de terminologie et de documentation; 1987. 250 pages.

Biensan (Jacques). *Glossaire informatique. Les 300 mots-clés de l'Informatique, de la Bureautique et de la Micro-informatique*. Paris: Pierre Dubois S.A. & les Éditions d'organisation; 1987. 48 pages. (Les Carnets de l'entreprise.)

Bonura (Larry S.). *Desktop Publisher's Dictionary*. Plano, TX: Wordware; 1989. xiii+[432] pages.

Buendia (Laurent) & Paradis (Line). *Glossary Desktop Publishing = Lexique Éditique*. Ottawa: Secrétariat d'État du Canada; 1989. 64 pages.

Comité interentreprises de la bureautique. *Vocabulaire du traitement de textes*. Québec: Gouvernement du Québec; 1985; Édition provisoire, Volumes 1 et 2. 190+103 pages.

Datapro Research Corporation. *Databook Report on Electronic Publishing Systems*. Delran, NJ: Datapro Research Corporation; 1988.

Dreyfus (John) & Richaudeau (François), dir. *La Chose imprimée*. Paris: Retz; 1985. 640 pages.

Faudouas (Jean-Claude). *Dictionnaire technique des industries graphiques anglais/français et français/anglais. = Technical Dictionary of Graphic Arts Industries*. Paris: La Maison du dictionnaire; 1989. [X]+302+[VII] pages.

Genest (Lise). IBM Canada Ltée. Services Linguistiques. *Vocabulaire de l'infographie; anglais-français, français-anglais*. Montréal: IBM Canada Ltée; 1987. ix+141 pages.

Ginguay (Michel). *Dictionnaire d'informatique, anglais-français*. Paris: Masson, 9ᵉ éd., révisée et augmentée; 1987. 306 pages.

Neal (Thomas) & Paradis (Line). *Vocabulaire des industries graphiques: anglais-français, français-anglais = Graphic Arts Vocabulary: English-French, French-English*. Avec la collaboration de Paul Meloche. Ottawa: Secrétariat d'État, Direction générale de la terminologie et des services linguistiques; 1986. viii+469 pages. (Les Cahiers de terminologie, 30 = Terminology Series, 30.)

Richaudeau (François). *Manuel de typographie et de mise en pages*. Paris: Retz; 1989. 176 pages.

Schuwer (Philippe). *Dictionnaire de l'édition. Art, techniques, industrie et commerce du livre = Dictionary of Book Publishing Creative, Technical and Commercial Terms of the Book Industry*. Paris: Éditions du Cercle de la Librairie; 1977. 313 pages.

Schuwer (Philippe). *Dictionnaire de l'édition. Art, techniques, industrie et commerce du livre. Supplément. = Dictionary of Book Publishing Creative, Technical and Commercial Terms of the Book Industry. Supplement*. Paris: Éditions du Cercle de la Librairie; 1988. 69 pages.

III. Périodiques

Micro-Impression; Pressimage. 19, rue Hégésippe-Moreau, 75018 Paris.
Personal Publishing; mensuel, depuis 1985; Hitchcock Publishing Company, 191 S. Gary Ave., Carol Stream, IL 60188.
Publish!; mensuel, depuis 1986; PCW Communications, Inc., 501 Second St., San Francisco, CA 94107.
Science & Vie Micro; depuis 1983; Excelsior Publications S.A.; 5, rue de la Baume; 75415 Paris Cedex 08.
Magazines de micro-informatique, tels que *Byte, MacWorld, MacUser, PC Computing, PC Magazine*, etc.